Business Intelligence

Y

La Tecnología de la Información

Alejandro Puerta Gálvez

TABLA DE CONTENIDO

GESTIÓN DEL CONOCIMIENTO Y TECNOLOGÍAS DE APOYO

La constante evolución en el área de la tecnología de la información (TI) hace que esta zona se vea de forma íntegra y no fraccionada. El entorno empresarial se ha vuelto cada vez más complejo, exigiendo el cambio. Las organizaciones definen el conocimiento como más importante que el capital, el trabajo y los recursos naturales. Según Terra y Gordon, esta visión del conocimiento como factor clave de éxito, junto con los grandes avances de la tecnología de la información, dio lugar a la aparición de la Gestión del Conocimiento. Para Terra, el conocimiento es la información interpretada, por lo que la simple transferencia de información no constituye un mayor conocimiento o competencia. Sin conocimiento no hay innovación y sin innovación no hay éxito en el entorno de la organización. Podemos ver entonces que ambos son interdependientes y necesarios para agregar valor. Con eso las tecnologías de la información pueden apoyar el valor del conocimiento, teniendo prácticas directamente relacionadas con este fin.

La relación de la tecnología de la información y la gestión del conocimiento causa impacto entre dos escuelas de pensamiento. Mecdermott; O'Dell afirmó que la gestión del conocimiento puede tener éxito sin la tecnología de información siendo utilizada sólo cuando es necesario. Por otra parte, Duffy sostiene que la tecnología de la información se ha convertido en importante debido a la globalización y que la tecnología por sí sola no puede desempeñar ningún papel para capturar, gestionar y explotar el conocimiento que existe dentro y fuera de las organizaciones. El autor afirma que la combinación de la tecnología y el capital humano generan las actividades de gestión del conocimiento con el apoyo de la tecnología de la información.

SISTEMA DE INFORMACIÓN

Los sistemas de información existen por la necesidad de contar con instrumentos para capturar, procesar, interpretar y proporcionar información para la toma de decisiones y el seguimiento de la organización. Estos sistemas de información han pasado de ser una herramienta de pasiva de automatización a dispositivos de transformación de estructuras organizativas, haciéndolas más competitivas. Actualmente, estos sistemas son flexibles y de fácil integración en varias plataformas, sin comprometer el rendimiento deseado.

Según Serrano, Guerreiro y Caldeira, la gestión del conocimiento muestra que la información puede ser entendida como incremento del conocimiento que puede inferirse mediante el análisis de los datos tratados adecuadamente. Cuento más completo y estructurado fuera el sistema de información, comprendido como un conjunto de recursos humanos y técnicos, datos y procedimientos articulados entre si con el fin de proporcionar información útil para la gestión de las actividades de la organización en el que opera, más flexible será la organización. Según Laudon y Laudon (2007):

Un sistema de información puede ser definido técnicamente como un conjunto de componentes interrelacionados que recogen (o recuperan), procesan, almacenan y distribuyen información para apoyar la toma de decisiones, la coordinación y el control de una organización.

Rezende y Abreu clasifican los sistemas de información de varias maneras. Para los autores existen los sistemas de apoyo a las decisiones; sistemas operativos, administrativos y estratégicos, organizativos; personales, de un grupo o departamento; inter organizacionales y sistemas de información, manuales, mecanizados, informatizados, automatizados, de gestión y estratégicos. Estos sistemas comprenden, de cierta forma, acciones para el conocimiento, existentes en la gestión del conocimiento, para así poder introducir las prácticas que se presentan a continuación en estos modelos.

PRÁCTICAS DE GESTIÓN DEL CONOCIMIENTO

Se entiende que la competitividad de las organizaciones es el resultado del conocimiento, la productividad y la aplicación de prácticas de gestión del conocimiento. Autores como Drucker y Davenport afirman que las buenas iniciativas y prácticas de gestión del conocimiento contribuyen a la sostenibilidad de las ventajas competitivas de las organizaciones que las llevan a cabo. Nonaka y Takeuchi argumentan que la correcta aplicación de la creación de conocimiento es la adopción de prácticas de gestión y en la percepción de Probst, Raub y Romhardt, las mejores prácticas "sólo se pueden difundir a través de diferentes áreas de la empresa si se comparten y distribuyen sistemáticas del conocimiento". Es necesario sistematizar este proceso mediante la identificación, registro y difusión de las mejores prácticas posteriormente.

GESTIÓN DE LA RELACIÓN CON EL CLIENTE

Davenport nos muestra que la organización necesita tener conocimientos sobre sus clientes para crear las condiciones de oferta de productos y servicios adecuados a sus necesidades. Kotler y Armstrong nos dicen que algunas empresas están aumentando expectativas y encontrando formas de asegurar su rendimiento superior a través de la satisfacción del cliente.

Debido a esto, es necesario identificar los eventos que determinan las necesidades cambiantes para que cada vez más, la industria pueda participar en la vida de cada uno de los clientes cumpliendo sus objetivos. Zenone presenta la gestión de la organización con un enfoque en el cliente dividido en tres procesos: PRM – proceso de relación de mercado; PAM - proceso de servicio al mercado; PPV - proceso de postventa. En estos casos, el autor aplica el concepto de CRM – Customer Relationship Management, ERP - Enterprise Resource Planning y SCM - Supply Chain Management.

El proceso de relacionarse con el mercado es la base de información para el marketing relacional. Este se compone de la unión de la estrategia de relación y la tecnología. El proceso de servicio de mercado transforma la información en conocimiento y, por lo tanto, en valor en el mercado. Finalmente el proceso de post-venta se entiende como servicio al cliente - SAC.

En esta etapa, la empresa pone en práctica todas las actividades definidas en el desarrollo de la estrategia de relación. Bretzke afirma que CRM es una estrategia basada en un conjunto de conceptos, herramientas, procesos, software y hardware que admiten medios para que la industria pueda satisfacer a sus clientes en tiempo real, con la información difundida en todos los departamentos, por lo que el cliente puede ser tratado de manera diferenciada en cualquier sector en el que fuera atendido.

Swift dice que el CRM es un enfoque empresarial para comprender e influir el comportamiento del cliente a través de comunicaciones significativas para mejorar las compras, la retención, la lealtad y la rentabilidad. Asimismo, el autor presenta el proceso de CRM de forma interactiva donde se transforma y manipula la información del cliente a través del uso activo y del aprendizaje a partir de la información.

La gestión de las relaciones con los clientes no es un producto o servicio específico, sino una estrategia cuyo objetivo es transformar los procesos de negocio para ahorrar y conseguir más clientes, con el apoyo de herramientas tecnológicas. La base de datos referente al conocimiento de las necesidades de los clientes debe estar disponible para todos en la organización. Poder compartir y fácil acceso a los conocimientos harán que esta gestión se vuelva sencilla, con la participación de todas en la realimentación de esta base de conocimiento y crear una condición para canalizar esfuerzos que siempre busquen al cliente y sus necesidades.

Entonces se puede decir que la gestión de las relaciones con el cliente eficaces en la organización puede llevarla al éxito.

GESTIÓN DE DOCUMENTOS ELECTRÓNICOS

La gestión electrónica de documentos es también conocida como GED. La GED busca gestionar el ciclo de vida de la información desde su creación hasta su presentación. La información puede estar originalmente en medios analógicos o digitales en todas las fases de su vida. Pueden ser creadas en papel, revisadas en papel, procesadas a partir de papel y archivadas en papel "(Koch, 1998). El GED envuelve todas las actividades relacionadas con el control y el acceso documental de la industria. Baldam clasifica los sistemas de GED en seis tecnologías:

• El procesamiento, archivo y recuperación de documentos;

• Procesamiento de formularios;

• Flujo de trabajo – Workflow;

• Gestión de documentos;

• RIM - Registros y Gestión de la Información – Records and Information Management;

• ERM - Enterprise Report Management;

Davenport y Prusak afirman que la gestión electrónica de documentos son repositorios de conocimientos explícitos y estructurados. Todos los sistemas de GED se dedican a la dimensión explícita del conocimiento, centrándose en su codificación y transferencia (Carvalho).

BUSINESS INTELLIGENCE

Business Intelligence es una metodología de gestión aplicada por herramientas de software, con el fin de generar ganancias en los procesos de toma de decisiones en todos los niveles de gestión de la industria. Basándose principalmente en la capacidad analítica de las herramientas que integran en un solo lugar toda la información necesaria para la toma de decisiones. Hoy en día, las organizaciones recopilan información para evaluar en su conjunto el entorno empresarial. El análisis de las ventas y de los competidores se acumula para obtener ventaja competitiva generando así un núcleo de competencia. En este contexto, en la gestión organizacional, Cavalcanti define como:

Un concepto actualizado que va más allá de la gestión empresarial. Consiste en la utilización de productos y soluciones con tecnologías analíticas avanzadas para transformar los datos en información que ayude a los distintos niveles de la organización en la toma de decisiones y otras contribuciones, casi todas en el análisis de estrategias.

La información vital para la toma de decisiones estratégicas se oculta en miles de tablas y archivos, conectados por relaciones correlaciones transaccionales en una organización inadecuada para el establecimiento de las decisiones.

El objetivo final de las técnicas de BI en este contexto, está exactamente en la definición de normas y técnicas para el formato correcto de estos volúmenes de datos, con el fin de convertirlos en depósitos estructurados de información, independientemente de su origen Rezende.

Los softwares de BI y otras tecnologías para capturar, almacenar, analizar y generar información o conocimiento contribuyen para alcanzar el punto óptimo de la decisión cuando ellas así lo necesitaran. El concepto de BI se basa en el software y las aplicaciones. El BI tiene como principales características;

• El reconocimiento de la experiencia;

• El análisis de datos contextualizados;

• La capacidad de extraer e integrar datos de múltiples fuentes;

• El procesamiento de los registros obtenidos en información útil para el conocimiento del negocio;

• La búsqueda de relaciones de causa y efecto, trabajando con hipótesis y desarrollando estrategias y acciones competitivas.

Como nos orientan Santos y Ramos los sistemas de BI contribuyen a: 1 - Aumentar la inteligencia colectiva de la organización en la medida en que facilitan la construcción del conocimiento necesario para planificar e implementar soluciones a los problemas y desafíos que se perciben que pueden amenazar la supervivencia y bienestar de la organización. 2 - Aumentar la capacidad de aprendizaje de la organización en la medida en que contribuyen para cambiar y perfeccionar la forma como colectivamente los agentes de la organización captan, comprenden y se comportan con el fin de dar cabida a la experiencia de trabajo en continua remodelación. 3 - Aumentar la creatividad organizacional para apoyar la producción de nuevas ideas y productos o servicios que permiten a la organización adaptarse dinámicamente a los retos y las oportunidades internas y externas. Más adelante trataremos de nuevo este tema.

PORTALES DE CONOCIMIENTO CORPORATIVO

Los portales corporativos son el punto de acceso de las organizaciones a sus empleados, socios y clientes. Con el advenimiento de las tecnologías de la información y de Internet destaca el entorno virtual, donde grandes cantidades de información están disponibles. El portal de la empresa es uno de los primeros puntos de acceso del usuario a la organización. Según Terra y Bax, los portales de conocimiento corporativo, también llamados de EIP's, Enterprise Information Portals, son aplicaciones, visualmente similares a los portales que se encuentran en Internet. Sin embargo, estos portales se destacan por aplicaciones más complejas que se explican por el apoyo de la misión, las estrategias y objetivos de la organización contribuyendo así a la creación y gestión de un modelo de negocio.

El objetivo principal es promover la eficiencia y la ventaja competitiva de la organización. El objetivo es entonces presentar la información por un solo punto de acceso, lo que le da el signo de "portal", ofreciendo aplicaciones e información personalizada, esenciales para la toma de decisiones en los niveles estratégico, táctico y operativo.

Conectt, muestra que el concepto de portal de conocimiento corporativo se desarrolló debido a la rápida evolución de la tecnología relacionada a las intranets y a la gestión del conocimiento. Se puede decir que el portal corporativo es un aliado de la gestión del conocimiento, desarrollado para aprovechar en las organizaciones el tamaño del conocimiento como un activo empresarial.

El portal debe ser un entorno en el que toda la información necesaria para los procesos esté disponible en una aplicación que integra todas las otras disponibles en la organización.

Según Dias , son requisitos mínimos de un portal de conocimiento corporativo: ser fácil para los usuarios ocasionales; clasificación y búsqueda intuitiva; intercambio cooperativo; conectividad universal a los recursos de información; acceso dinámico a los recursos de información; enrutamiento inteligente; herramienta de inteligencia empresarial integrada; arquitectura basada en servidor; servicios distribuidos; definición flexible de permisos de acceso; interfaces externas; interfaces programables; seguridad; fácil de administrar, fácil personalización y personalización.

MEDIOS DE COMUNICACIÓN SOCIAL

El concepto de GC gana fuerza en la forma de medios de comunicación social. Esta herramienta se ha convertido en una práctica muy común debido a la conectividad de los empleados de la era del conocimiento. Las herramientas tecnológicas de colaboración - redes y medios sociales, blogs corporativos, chats, wikis, intranets - son parte del cambio de la cultura del siglo XXI y se aprovechan de la buena voluntad de compartir datos, información y conocimiento.

Con la llegada de la web 2.0 y el alto grado de intercambio de información / conocimiento, las empresas encuentran en la creación de redes sociales una fuente generadora de ventajas competitivas. En este escenario, en el que el conocimiento se ha convertido en una fuente de ventaja competitiva, destacan los medios de comunicación social, donde las personas y las organizaciones se relacionan centradas en la potencialización del conocimiento.

Estas redes sirven como instrumento para la adquisición, intercambio y difusión de conocimientos entre sus empleados en la búsqueda de un mejor rendimiento y eficiencia (Azevedo y RODRIGUEZ).

Según Fusco, los consumidores que previamente recibieron información de las organizaciones y de la marca dejan de existir para convertirse en co-responsables de la reputación del producto. El autor cuestiona el valor de una opinión positiva que un consumidor coloca en Twitter en una tarde de un lunes y muestra que actualmente hay una legión de consumidores que intercambian opiniones con gente acerca de productos, servicios y organizaciones.

Un apretón de manos es efímero, sin embargo, una conexión en una red social como Orkut, Facebook o LinkedIn, es duradera (Fusco).

Según Fusco, una de las principales razones por el interés en las redes sociales es el poder de atracción que ejercen. Para el autor, en las redes las marcas no pueden reproducir el mensaje concebido por los vendedores y anunciantes. Deben hablar con los consumidores, leer mensajes y responder a las preguntas, alabando y aceptando las críticas. Otro factor clave en las redes sociales es la comprensión del estilo de vida de los consumidores. Esto es en parte debido al hecho de que toda red tiene un perfil donde el usuario se presenta de forma general. Toda esta interacción también puede resultar en ayuda a mejorar los productos y servicios.

La interactividad y la comunicación con los clientes, socios, proveedores y competidores, muestran un gran potencial para la comprensión de las perspectivas del mercado, la identificación de oportunidades y reducción en los costes de desarrollo.

También se puede decir que los medios de comunicación social ofrecen mayor entorno de interacción y colaboración entre los empleados. Terra propone que las herramientas sean implantadas en los lugares de trabajo, donde las empresas globales están más cerca y el empleado que antes era proveedor de información sea generador y agregador de conocimiento. Según Costa, los medios sociales son herramientas poderosas para proliferar el conocimiento individual, y así contribuir a la construcción del conocimiento organizacional.

El crecimiento en el uso de las redes sociales como LinkedIn, Twitter, Facebook y Youtube, proporcionan una interacción de intercambio de información entre los individuos. Visto esto, la gestión del conocimiento se aplica en los medios sociales siendo un factor relevante para la comprensión de cómo la industria puede ser más competitiva mediante la información compartida por la cadena.

INTELIGENCIA COMPETITIVA

La Inteligencia Competitiva genera información constante en el entorno externo de las organizaciones en busca de información valiosa para la actividad estratégica. La Society of Competitive Intelligence Professionals - SCIP, organización global sin ánimo de lucro, define la inteligencia competitiva (IC) como "el proceso de recogida, análisis y difusión ética de inteligencia relevante, actualizada, visionaria y viable con respecto a las implicaciones del entorno empresarial, la competencia y la propia organización" (Miller).

Riccardi y Rodrígues comentan que la inteligencia competitiva ayuda en el proceso de recogida, procesamiento y distribución de información para personas de confianza que tienen habilidades especiales y críticas dentro de la organización. Wanderley trata de mostrar una visión puramente de mercado para el tema explicando que la inteligencia competitiva surge de la necesidad de obtener ventaja en el mercado.

Esta ventaja se reduce a mantener constantemente monitoreado el entorno de actuación, mediante la recopilación, análisis y validación de información sobre los competidores, clientes, socios, y busca reducir los riesgos en la toma de decisiones.

Miller nos muestra que los datos organizados se convierten en información y que esta información, una vez analizada, se convierte en la inteligencia. El autor también presenta un modelo basado en la política de SCIP que incluye cuatro fases de la inteligencia:

1. Identificación de los profesionales responsables de las decisiones y sus necesidades en materia de inteligencia;

2. Recopilación de información;

3. Análisis de la información y su transformación en inteligencia;

4. Difusión de la inteligencia entre los responsables de las decisiones.

El mismo defiende el proceso mismo que esta estructura implica en cambios de conducta, culturales y estructurales de la organización (Miller, 2002, p. 54). Barbieri nos ayuda a finalizar el tema mostrando que la inteligencia competitiva se considera un paraguas conceptual, visto que busca la captura de datos, información y conocimiento que permitan a las empresas competir con más eficacia en un enfoque evolutivo para el modelado de datos, capaces de promover la estructuración de la información en depósitos retrospectivos e históricos, que permite su modelado mediante herramientas analíticas.

 Su concepto es amplio e incluye todas las características necesarias para la transformación y el suministro de información al usuario. Vale recordar la contribución de Maturana que cuestiona la visión de la inteligencia como un atributo y propone que se estudie como se genera el comportamiento inteligente y la preocupación del comportamiento con la ética.

LA TÁCTICA EN LA GESTIÓN

La TI (Tecnología de la Información) mantiene relaciones con la empresa a través de los diversos servicios ofrecidos, sin embargo, sólo hay una vía que conecta la tecnología al negocio: la táctica.

La gestión de servicios en la TI se posiciona en dos niveles diferentes: uno operacional y uno táctico. El nivel operacional está en la base de la pirámide corporativa y representa, como el nombre ya dice, las actividades que operan los servicios. El nivel táctico está inmediatamente por encima del nivel operacional y su función es buscar el alineamiento de las acciones operacionales con los objetivos del negocio.

Esa utilidad hace que el nivel táctico esté inmediatamente por debajo del nivel estratégico, nivel de competencia de la gestión del negocio y que envía las directrices que la directiva definió en la misión de la empresa. Eso quiere decir que está en esa frontera de relación en que la gestión de la TI conversa con el negocio, traduciendo el mundo de las ideas hacia el mundo práctico.

En el libro Gestión de Servicios de TI en la Práctica, Ivan Magalhães y Walfrido Brito ilustran esa relación en niveles en la pirámide que se muestra a continuación.

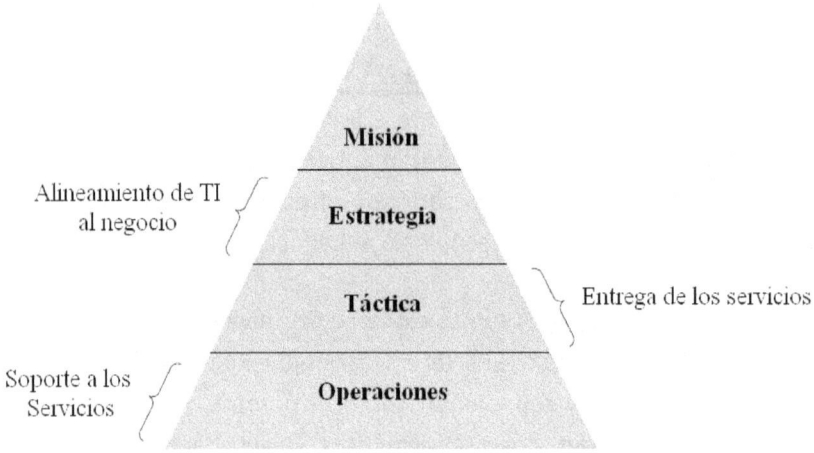

Podemos leer la pirámide que acabamos de ver de la siguiente manera: La misión aclara los propósitos de la empresa, su razón de existir, pero para un correcto cumplimiento necesita definir las estrategias de acción que serán traducidas en procesos tácticos que delinearán esfuerzos operacionales.

En la TI, el nivel operacional siempre existe, eso es porque las actividades que se desempeñan son de esa naturaleza, como el tratamiento de incidentes, la solución de problemas, el control de liberaciones, la gestión de los cambios y de las configuraciones. Por el mismo motivo, es en ese nivel donde la TI se ve con más facilidad.

Al contrario del operacional, el nivel táctico desempeña una función cuya virtud está oculta y, por eso, es fácilmente ignorada en los procesos diarios. En ese hecho reside el gran desafío en la gestión de la TI. Los procesos tácticos reúnen acciones de control de niveles de servicio, de capacidad de la infraestructura, planificación financiera y las estrategias de continuidad operacional. Es decir, acciones que no son indispensables para ver girar la rueda pero que son de vital importancia para no perder la fuerza del giro.

El esfuerzo continuo del nivel táctico sirve para garantizar que haya planificación en las tareas cotidianas de la TI, pues, el nivel operacional suele ser más reactivo a las demandas diarias. En otras palabras, el nivel táctico es el cerebro y el nivel operacional son los brazos.

Una correcta comprensión estratégica requiere de la existencia de procesos tácticos para guiar al área operacional. En la TI, esa preocupación es rara. Normalmente, las acciones estratégicas son delegadas directamente al operacional por las urgencias inherentes al negocio, es decir, por pura incompetencia en la gestión.

INTRODUCCIÓN AL BSC EN LA GESTIÓN DE LA TI

¿QUÉ ES EL BSC?

El BSC (Balanced Scorecard ó Indicadores Balanceados de Rendimiento) es un framework que tiene el objetivo de ayudar a las organizaciones a transformar sus estrategias en objetivos operacionales, construyendo un guión para la consecución de resultados en los negocios y suministrando caminos para alcanzar el rendimiento deseado; desarrollado por los profesores de la Harvard Business School, Robert Kaplan y David Noron, en el año 1922, está siendo utilizado por organizaciones públicas, privadas y ONG's. Fue escogida como una de las prácticas de gestión más importantes y revolucionarias, por la revista Harvard Business Review.

Orientado hacia una metodología de Visión y Estrategia con base en la estrategia global de la empresa, los requisitos para la definición de estos indicadores buscan maximizar los resultados esperados de la administración por medio de un conjunto diversificado de medidas, organizadas en cuatro perspectivas:

- Financiera: para tener éxito en esta perspectiva, es necesario un "informe" de la estrategia, comenzando por los objetivos financieros a largo plazo y relacionarlos a las acciones que necesitan ser llevadas a cabo. El principal objetivo de la organización es obtener retornos financieros sobre el capital invertido, siendo así, el indicador financiero se hace fundamental para la conclusión de las consecuencias inherentes a las acciones de la organización, buscando un posicionamiento notable ante los inversores.

- Clientes: esta perspectiva traduce la misión y la estrategia de la organización en objetivos específicos para determinados segmentos, permitiendo también identificar y evaluar las propuestas de valor. Sabemos que las empresas, cada vez más, se vuelcan en la búsqueda de la satisfacción de los clientes. Para eso, es necesario un conjunto de indicadores relativos al mercado y a los (potenciales) clientes, estableciendo una relación confiable y proporcionando a estos una buena visión acerca de la organización.

- Aprendizaje y Crecimiento: es la habilidad de la organización de innovar, mejorar y progresar. Finalmente, aprender es crecer. Esta perspectiva presenta objetivos basados en la capacidad de los colaboradores, motivación, empowerment y alineamiento.

- Procesos Internos del Negocio: es el análisis de los procesos internos de la organización, incluyendo la identificación de los recursos y de las capacidades necesarias para la elevación interna de la calidad. Para el BSC, los procesos internos incluyen también la innovación, operaciones y el servicio de venta. Así, las organizaciones pueden satisfacer a sus clientes y alcanzar la ventaja competitiva en el mercado.

IMPLEMENTAR EL BSC EN LA ORGANIZACIÓN

Los métodos utilizados en la gestión de negocio y servicios, entre otros, generalmente están basados en metodologías que utilizan la TI y ERP's como soluciones de apoyo, de forma que puedan relacionarse con la gestión de servicios y garantizar mejores resultados. La elección de indicadores no debe limitarse sólo a las informaciones basadas en las situaciones económico-financieras. Imagine que la prueba de seguridad de un vehículo se basara sólo en el asiento. No sería suficiente. Es necesario hacer un monitoreo de los resultados económico-financieros, rendimientos (tanto de mercado junto a los clientes, como de los procesos internos y personal), innovaciones y tecnología.

Por ser un proyecto lógico, debe estar bien definido e implementado en las variables de control, metas e interpretaciones para que pueda presentar resultados positivos. Es decir, a través de una visión balanceada e integrada, el BSC puede indicar una estrategia más clara, por medio de las perspectivas citadas arriba.

EL BSC Y LA INNOVACIÓN EN LA GESTIÓN DE LA TI

Si una empresa expresa su retorno de inversiones sólo en términos de valores financieros, estará cometiendo un error grave, ya que, muchos beneficios derivados de la TI no son cuantificables pero son reales para el negocio. Sin embargo, la TI por sí sola no es suficiente para determinar el rendimiento de una organización aunque es parte de la estrategia y de las operaciones de esta.

Las organizaciones son cada vez más dependientes de las informaciones para alcanzar sus objetivos y poder así destacar en el mercado tan competitivo en la actualidad. Eso exige del área de TI un mayor empeño al ejercer su función ya que es el soporte de la estrategia empresarial. La TI suministra recursos para que la organización se convierta en ágil y flexible, pudiendo adaptarse a las necesidades de la férrea competitividad del mercado, mejorando sus procesos internos y el análisis del entorno externo, posibilitando la toma de decisiones más eficaces.

Entendemos que la TI tiene el deber de suministrar a los gestores informaciones rápidas y precisas, y el BSC hace eso posible. Este se basa en la optimización del rendimiento de un emprendimiento, en el alineamiento de procesos y cualificaciones; convirtiéndose en una herramienta para agregar valor al negocio. Con este, los gestores pueden monitorizar sus objetivos, a través de los indicadores y apalancamientos en los rendimientos de los proyectos internos, con la ayuda de un mapa estratégico adecuado.

Por lo tanto, la implementación del BSC permite la optimización de la utilización de uno de los activos más importante de las empresas de hoy: la Información. El BSC permite organizar una serie de informaciones estratégicas, en conjunto con los indicadores, pudiendo localizar problemas, definir rumbos, prever posibles amenazas, apuntar tendencias y direccionar a la organización. En la gestión de la TI, podemos considerar también el gobierno de la TI, que engloba métodos para mejorar la transparencia y organización de las prácticas de dirección y monitoreo del rendimiento en las empresas.

Este método hace posible la implementación de esas prácticas de gobierno, haciendo el BSC imprescindible en las áreas de TI. Con eso, la creación de un lenguaje común entre los clientes internos de la organización y los objetivos se hace posible, orientando la definición de prioridades de las inversiones, el control de rendimiento e interacción de todo el equipo, teniendo por objetivo la búsqueda de las metas estipuladas.

Por fin, esta metodología posibilita la gestión, control y la utilización de la TI de modo que esta pueda crear valor a la empresa. El BSC está considerado como un modelo que da soporte a la Gestión de la TI, que ha sido aplicado en sus procesos, suministrando orientaciones sobre las estrategias, con el objetivo de mejorar el rendimiento del sector, resolviendo problemas y ayudando en la toma de decisiones.

DEFINIENDO LA ESTRATEGIA EMPRESARIAL

La palabra Estrategia viene del griego stratègós, que significa liderazgo o mando, y puede ser dirigida hacia diversos aspectos. En términos generales, se trata de una forma de pensar en el futuro con un objetivo decisorio y en base a un procedimiento formalizado y articulador de resultados. Hoy en día, este concepto se utiliza mucho en las organizaciones, por eso, los gestores deben definir o redefinir bien las estrategias que serán implantadas.

Inicialmente, la estrategia representa la acción de liderar o comandar. Este concepto presenta una paradoja, debido a la exigencia de la interacción de una serie de teorías y enfoques, haciendo que impida el completo registro de sus conceptos. Viene siendo utilizado con frecuencia en la Gestión de la TI, desde un curso de acción formulado hasta toda la razón existencial de una organización. De entre los diversos conceptos de estrategia, el más común de ellos es definido como el conjunto de planes de la Gestión para alcanzar resultados consistentes con la misión y objetivos de la organización. En otras palabras, la estrategia apunta hacia la dirección y suministra los recursos necesarios para que la organización se dirija hacia el objetivo deseado, permitiendo la realización de maniobras (cuando es necesario), concentrando sus esfuerzos, manteniendo a la empresa en un buen posicionamiento y proporcionando consistencia en el proceso de la toma de decisión.

DEFINIENDO EL MAPA ESTRATÉGICO

La definición estratégica es un proceso que debe ser trabajado cuidadosamente y que requiere de mucha creatividad. Sin embargo, es imposible ejecutar la estrategia sin antes comprenderla, y no hay mejor manera para comprenderla que describirla primero.

La estrategia será definida en cierto periodo de tiempo y contará con el apoyo de algunas herramientas de gestión como: Análisis SWOT, Ciclo PDCA, el propio BSC; y otras herramientas que podrán ser utilizadas para la definición de la misión, visión y estrategia de la organización. El análisis inicial generará un mapa estratégico en las cuatro perspectivas del BSC: Finanzas, Clientes, Aprendizaje y Crecimiento y Procesos Internos del Negocio; que en el transcurrir de los procesos serán transformados en: metas, planes de acción e indicadores.

Las metas apuntarán y cuantificarán los objetivos de la organización, mientras que los planes de acción indicarán las tareas y actividades, divididas por departamentos en el nivel operacional. Los indicadores serán creados para los objetivos estratégicos, en cada perspectiva, con informaciones que probablemente estarán a disposición del área de TI junto con el área de Gestión de Procesos y otras que podrán estar envueltas; por eso es fundamental que todos los departamentos estén alineados con los objetivos.

PRINCIPIOS FUNDAMENTALES

Toda organización debe seguir una orientación en la búsqueda de sus objetivos que, junto con los indicadores, deben tener cómo principales objetivos estos principios:

- Misión: es la búsqueda de la promoción de la excelencia en la gestión de personas, eficacia operacional, calidad de productos/servicios, entre otras misiones que la organización debe mantener para su mejora y crecimiento continuo;

- Visión: ser reconocida como líder de mercado es el sueño de toda empresa. Por eso, se traza una visión acerca de las conquistas que estas buscan;

- Estrategia: muchas veces surge la necesidad de realizar cambios en la cultura organizacional, sistemas y procesos de gestión; pero estos cambios deben estar bien planeados y seguir los principios de la Gestión de Calidad, poniendo el foco en el cliente, en la mejora continua de los procesos y énfasis en la gestión en los resultados.

- Valores: las organizaciones necesitan mantener valores esenciales, orientados hacia el liderazgo, calidad de servicios, integridad e interdependencia. Y eso debe suceder buscando el liderazgo en la Gestión Estratégica; comprometiéndose a suministrar productos/servicios de calidad; manteniendo la transparencia y honestidad; y trabajando en conjunto, desarrollando cualificaciones profesionales y personales.

LA ESTRATEGIA EMPRESARIAL

Debemos entender que el BSC y la Estrategia Empresarial no son la misma cosa. Sin embargo, uno complementa el otro, de forma a traducir con más claridad los objetivos de la organización, en un lenguaje que todos puedan comprender. Según citó DINSMORE:

"Los proyectos son dependientes de los procesos y los procesos dependen de los proyectos. Debido a esta dependencia congénita entre la gestión de procesos y de proyectos, a medida que los procesos proliferan, lo mismo sucede con la necesidad de gestionar proyectos relacionados a esos procesos".

Por eso la necesidad de una planificación estratégica, alineada con el uso de metodologías de gestión y sus prácticas relacionadas, es lo que determinará el éxito o fracaso del proyecto. Con sólo definir una estrategia empresarial competitiva no es suficiente, esta necesita ser traducida y bien direccionada. Y el papel del BSC es exactamente este. Integrar las medidas, traduciendo la misión y estrategia de la organización, suministrando los indicadores de rendimiento que mejor se adaptan a cada situación. Su objetivo es alinear la planificación de la estrategia empresarial con las acciones operacionales, aclarando la visión, misión y estrategia, asociados a los objetivos de la organización.

Así, podemos definir la estrategia de la empresa a través de los objetivos relacionados y distribuidos en cada perspectiva, proporcionando una visión estratégica más detallada y aplicando los indicadores de acuerdo a las situaciones y/o necesidades. El BSC traducirá las estrategias de la planificación para que los colaboradores puedan comprender, implementar, monitorizar y acompañarlas. Finalmente, la Estrategia Competitiva es lo que la empresa decide hacer y no hacer, considerando el Entorno, para concretar la Visión y alcanzar los Objetivos, respetando los Principios, teniendo como objetivo cumplir la Misión en su Negocio.

GESTIONANDO EL NEGOCIO

La modernización del mercado global está haciendo que la competitividad cada vez sea más férrea, haciendo que las empresas modernas busquen nuevas formas de gestión. Esto se relaciona directamente al plan de negocio de la organización, que está definido con propiedad por Pimentel:

"Un Plan de Negocio es una especie de mapa de la mina o camino de piedras para el desarrollo de un negocio empresarial que quiere ser un prestador de servicios, una micro o pequeña empresa o una gran empresa o cooperativa. Las habilidades como emprendimiento, agresividad, administración, conocimiento del negocio y motivación son imprescindibles para el empresario moderno. En el Plan de Negocio también están definidas las acciones o planificación de marketing, producción, plan financiero y de misión y visión".

Es decir, es necesaria una definición de mapa para el desarrollo empresarial para entonces poder gestionar el negocio, integrándolo al plan financiero. Como ya hemos visto el BSC nos suministra indicadores para que podamos realizar y acompañar este procedimiento. El éxito organizacional depende mucho de cómo se gestiona la secuencia de actividades, que puede ser entendida como una "cadena de valores", y cada etapa de la realización de las actividades y procesos del negocio deben agregar valor al producto/servicio, preservando la calidad, a fin de satisfacer aún más a sus clientes.

El BSC es una herramienta adecuada para medir el rendimiento de las organizaciones, haciendo que el conjunto de indicadores (Financiero, Cliente, Procesos Internos del Negocio y Aprendizaje y Crecimiento) estén debidamente "balanceados" para un desarrollo real y equilibrado, haciendo de la Gestión del Negocio una excelencia. Para comprender la certeza de esto, imagine una empresa que esté bien financieramente pero que ha dejado de invertir en su Aprendizaje y Crecimiento. Consecuentemente los colaboradores de esta empresa, ya sea a medio o a largo plazo, pasarán a dejar de atender la necesidad real de los clientes, lo que podría comprometer la calidad del producto/servicio suministrado, dando como resultado problemas para la supervivencia de la organización, y creemos que esto, ni hay que decirlo, no es el objetivo de ninguna de ellas.

Gracias a que el BSC nos ofrece una presentación gráfica y de fácil análisis, es posible que los gestores tengan una rápida y exhaustiva visión de la situación de los negocios. Los autores del BSC dicen que su aplicación en la organización para lograr el éxito necesita tener tres aspectos fundamentales:

- La integración entre las cuatro perspectivas, evitando que se hagan de manera aislada dentro del contexto y estén siempre en equilibrio;

- El equilibrio entre los grados de peso de las perspectivas;

- El BSC no debe ser visto por la organización sólo como una herramienta de gestión financiera, sino también como un sistema de Gestión de Estrategia.

Entonces, enfocando en los procesos de negocio, el BSC proporciona un conjunto de indicadores, financieros y no financieros, posibilitando la medición del rendimiento y la garantía del logro de los planes estratégicos. Basado en esto, entendemos que el BSC integra tres grupos que conducen a la organización hacia los objetivos estratégicos de la misma: Estratégicos, Operacionales y Organizacionales. Estos grupos establecen una creación de objetivos y medidas adecuadas en todos los niveles, permitiendo entre ellos mismos la integración de acciones y alineamientos de toda la organización.

GESTIÓN DE TI EN LOS NEGOCIOS

El entorno organizacional vive en constante mutación, debido a la globalización, tanto en los negocios como en la Tecnología de la Información, lo que exige una dinámica e interacción cada vez mayor de la gestión del negocio con la TI, partiendo de las organizaciones y gestores modernos; para que puedan adaptarse y acompañar las exigencias impuestas por el competitivo mercado actual.

Un nuevo perfil de productos y servicios están siendo creados por las TI, lo que facilita la capacidad de mejorar la calidad y el acceso a las informaciones para el negocio de la organización. Eso nos hace reflejar que la TI no es sólo un factor estructural o la inversión en tecnología para hacer la empresa más moderna. Al contrario, la TI es una parte fundamental para la gestión de las informaciones, enfocado en los negocios e integrando sus procesos. Sin embargo, para que eso se realice con mayor eficiencia y eficacia, es necesario un esfuerzo continuo de los gestores y profesionales responsables del área, haciendo esta integración clara para todos los actores involucrados, buscando el máximo rendimiento.

La Cultura Organizacional debe adaptarse a las exigencias del mercado para que pueda mantener la competitividad. La satisfacción de los clientes y la calidad deben ser factores vitales, dirigiendo a la empresa hacia el camino de sus objetivos y para que logre alcanzar sus metas. Para eso, la TI acostumbra a sobrepasar la cultura de la empresa, adhiriendo nuevas metodologías de gestión integrada a las herramientas tecnológicas, como el BSC, haciendo que estos recursos trabajen a favor del negocio, gestionando las informaciones necesarias para las tomas de decisiones.

GESTIONAR EL SERVICIO

"La tecnología de la información es elemento fundamental para el éxito de las organizaciones. La gestión de servicios puede utilizar métodos estandarizados de eficiencia reconocida y pautados por las necesidades estratégicas de las organizaciones."

Con la modernización del mercado global, las empresas están teniendo que adaptarse rápidamente para acompañar tal evolución, lo que ha hecho que ellas se hagan cada vez más dependientes de los recursos de la Tecnología de la Información. Con todo, la utilización de estos recursos por sí mismos sólo traería resultados relevantes si los servicios fueran bien gestionados. La gestión de servicio objetiva proveer, calificar y alinear las necesidades del negocio en la TI, buscando implantar procesos y prácticas que proporcionan servicios de TI más eficientes y eficaces.

En el actual entorno mercadológico, los gestores buscan centrarse en el desafío de las áreas de TI, buscando aumentar la eficiencia operacional de los procesos de negocios, reducir costes y acompañar la creciente demanda de informaciones. Conforme las organizaciones reconocen la dependencia de la TI, la gestión de servicios se hace clara y posibilita el alcance de los objetivos estratégicos del negocio.

Con el BSC, es posible realizar estos procedimientos, alineando los servicios de TI y negocios, basando en la utilización de indicadores que deberán medir el rendimiento de los resultados obtenidos y definir las metas empresariales que permitirán la mejora continua de

43

los procesos. Por ser un modelo consagrado de planificación y control empresarial, él utiliza conceptos similares para la optimización y contribución de los servicios de TI en la organización, evaluando todos los procesos y, principalmente, el nivel de satisfacción del usuario, su eficiencia y efectividad, con foco en la planificación de acciones para las demandas futuras.

CICLO DE VIDA DE LA GESTIÓN DE SERVICIO DE TI

Para que un servicio esté bien gestionado, es necesario definir métodos y/o procesos que apoyen la toma de decisiones relacionadas a la viabilidad del mismo. Después de definidas las cuestiones como: posicionamiento de mercado, utilización, costes y valores para mantener el servicio; estas informaciones serán utilizadas durante el ciclo de vida del servicio de TI y divididas de la siguiente forma:

- Utilización del servicio: finalidad para la cual este servicio será utilizado;
- Garantía del servicio: controlar como el servicio está siendo ejecutado;
- Diseño del servicio: es importante garantizar que la ejecución del servicio esté dentro del coste estimado para el mismo;
- Transición del servicio: garantizar la entrega del valor previsto para el servicio;

- Operatividad del servicio: el servicio necesita ser entregado en los niveles planeados, de forma que esté disponible para ser utilizado por el usuario en cualquier momento.
- Mejora continúa del servicio: el servicio necesitará ser constantemente analizado, evaluado y mejorado para atender todas las necesidades.

Concluimos, entonces, que el ciclo de vida de gestión de un servicio posee un orden claro e intuitivo, posibilitando detallar cada una de las etapas y apuntando mejorías, de acuerdo con las necesidades de las organizaciones.

Conforme Aristóteles (384 a.C. - 322 a.C.) definió: "Nosotros somos lo que hacemos repetidas veces, repetidamente. La excelencia, por lo tanto, no es un hecho, sino un hábito". Entendemos que la excelencia no es un destino, sino un camino o, simplemente, el resultado de nuestras acciones. Lo mismo se aplica a la gestión de servicios, donde existen varias herramientas y técnicas de mejores prácticas. Y el BSC es una de ellas, que también apunta indicadores de rendimiento y traducen las metas, mostrando el camino a ser seguido, en la búsqueda de la codiciada excelencia en la gestión de servicios.

GESTIÓN DE LA CALIDAD

Con el transcurso del tiempo, los clientes están siendo cada vez más exigentes, haciendo que los gestores modernicen y mejoren el modo de gestionar la demanda de informaciones en busca de la satisfacción de los mismos. Hoy existen herramientas que auxilian a las empresas para buscar informaciones que puedan ser relevantes para la mejora de los productos/servicios, deseo y expectativa de los clientes y colaboradores. Si lo llevamos al "pie de la letra", veremos que la cantidad de informaciones advenidas del mercado son inmensas y que es necesario mucho equilibrio y una excelente gestión para tratar todas estas informaciones. La TI suministra recursos para que esto sea posible pero, como ya sabemos, sólo tener herramientas a disposición de los gestores no sería suficiente; es necesario saber gestionar y distribuir las informaciones correctamente entre los departamentos.

Muchas personas imaginan que el BSC acaba entrando en conflicto con otras herramientas de gestión o de mejora de la calidad. Pero, quien así piensa, está completamente equivocado. El BSC indica los puntos que necesitan ser mejorados, que necesitan de más atención o que están más fuertes, apuntando el rendimiento de cada proceso. Pero son las herramientas de calidad y mejora continua que promueven los resultados esperados por los clientes. Eso nos muestra, entonces, que en vez de ser perjudiciales son complementarios, desde que saben dividir la aplicación de cada una de ellas.

47

LO QUE NO ES MEDIDO NO ES GESTIONADO

Así lo afirmaban Robert Kaplan y David Norton, autores de la metodología del Balanced Scorecard. La era de la información ha proporcionado grandes avances en los entornos organizacionales, al punto de que establecer metas no es suficiente para la búsqueda de los objetivos de la organización; es necesario mensurar, medir y gestionar, mostrando el camino correcto que la empresa debe recorrer para alcanzar sus metas y alcanzar sus objetivos.

La gestión envuelve habilidades que exigen el conocimiento del negocio basado en las estrategias organizacionales alineado con la gestión de la información centrada en cumplir lo que fue establecido en las metas. Eso, con certeza, envuelve la gestión de la calidad como parte integradora de los objetivos de la organización, que busca garantizar la satisfacción de los clientes. El BSC no podrá sólo medir sino también apuntar si la estrategia está siendo bien direccionada y garantizar la gestión de la calidad.

LA ISO 9000 Y EL BSC

La ISO 9000 es un conjunto de normas técnicas que busca establecer un modelo de gestión de la calidad. Fundada en el año 1947, en Ginebra (Suiza), hoy está presente en (aproximadamente) 126 países. Las normas de la ISO 9000 objetivan la mejora de los procesos internos, capacitación de los colaboradores, monitorización del entorno de trabajo, verificación de la satisfacción de los clientes, colaboradores y proveedores, en un proceso continuo de mejora del sistema de Gestión de la Calidad.

La medición de rendimiento está presente en la serie de normas ISO 9000:2000 en el ítem 8.4 - Análisis de Datos:

"La organización debe determinar, recolectar y analizar datos apropiados para demostrar la adecuación y eficacia del sistema de gestión de la calidad y para evaluar donde mejoras continuas de la eficacia del sistema de gestión de la calidad pueden ser realizadas. Eso puede incluir datos generados como resultado de la monitorización y de las mediciones y de otras fuentes pertinentes."

La razón para medir el rendimiento de los procesos es, de hecho, la búsqueda de la mejora continua a través de los resultados obtenidos de la medición, que puede mostrarnos las capacidades de los sistemas y los niveles de rendimiento alcanzados. Lo que facilita la obtención de informaciones sobre los puntos fuertes, donde debe tener los esfuerzos concentrados, y los puntos débiles, donde debe destinar los recursos para alcanzar las mejoras deseadas, haciendo de la gestión de la calidad un éxito en la organización.

ALINEACIÓN ENTRE NEGOCIO Y TI CON EL USO DE FRAMEWORKS DE GESTIÓN DE TI

En la creación de valor para los negocios, la TI (Tecnología de la Información) es la referencia actual para todos los procesos de una organización. Este es un hecho básico e histórico, ya que todas las operaciones, procedimientos y pasos de la cadena de producción, han estado estrechamente vinculados al mejor coeficiente de gestión de las informaciones. El uso de las TI ya no es visto como una herramienta para la estrategia de la compañía, sino que está siendo tratada como parte para el establecimiento de directrices y estrategias de negocios de alta competitividad empresarial.

Según Porter, la posición estratégica de la empresa está directamente relacionada con sus actividades, que muestran de forma diferente con respecto a sus competidores. Esta afirmación se refiere directamente a las fuerzas competitivas que hacen que la organización se destaque en su entorno comercial. Por lo tanto, la alineación sistemática y fundamentada de los procesos del área de TI con la estrategia del área de negocios, deben garantizar, además de la mejora en la asignación de recursos, una estandarización con soporte adecuado a las organizaciones (Luftman).

En las últimas décadas, con el crecimiento y la necesidad de la calidad en los procesos de las empresas, hubo una serie de frameworks de gestión, es decir, metodologías que sirven para alinear el área tecnológica con el área de negocios, sus objetivos estratégicos y otros sub-procesos que traducen toda el funcionamiento de la empresa.

MODELO DE NEGOCIO ESTRATÉGICO DE ALINEACIÓN

La estrategia es un factor que está estrechamente relacionado al entorno desde su adopción, que se remonta a las antiguas guerras las cuales originaron el proceso de planificación organizada y sistemática y mejora continua, y que fue adoptada posteriormente por medios sociales, políticos y económicos en nuestra época. Según Pietro, el uso de un conjunto de actividades estructuradas previamente define el proceso macro de alineamiento estratégico de los negocios. Esta afirmación es la realidad de toda empresa que se centra en resultados rentables y que están fuertemente basados en la calidad de sus procesos, como pieza fundamental, tanto para alinear el medio interno (procesos, estándares y personas) como el externo (clientes, proveedores y entorno). Sin embargo, hay que considerar que la percepción de alineación estratégica no es meramente formal, ya que sus características principales son para el uso de acciones (Mintzberg).

En búsqueda de la revisión especializada fueron encontrados tres modelos principales que muestran la teoría fundamental de la alineación estratégica. El modelo Labovitz y Rosansky trata de entender el alineamiento estratégico como factor de integración de los atributos de la organización, por lo tanto, derivando así la concentración de esfuerzos junto al objetivo del negocio. En definitiva, el objetivo es de una característica única pero con propósitos dispersos y compartidos con los involucrados en el proceso.

El modelo de Hambrick y Cannela denota el proceso de alineación estratégica como una forma de relacionar los entornos internos y externos de la organización de la mejor manera posible, es decir, mitigando factores de riesgo y eliminando barreras; por lo tanto, lo que hay es la promoción del proceso a través de etapas definidas y de un gerente ejecutivo hasta el final.

Aún así, uno de los modelos de mayor importancia y que, por lo tanto forma la base para que otros pudieran haber sido originados y no sólo en el área de los negocios sino también adoptarlos en otras áreas, es el modelo de Balanced Scorecard (BSC). Según Kaplan y Norton, este modelo tiene como objetivo gestionar la empresa mediante el uso de indicadores de desempeño que a su vez son agregados junto con las cuatro áreas clave para las organizaciones, a raíz de una serie de preguntas, como se ve en la figura 1.

Figura 1 – Balanced Scorecard (BSC)

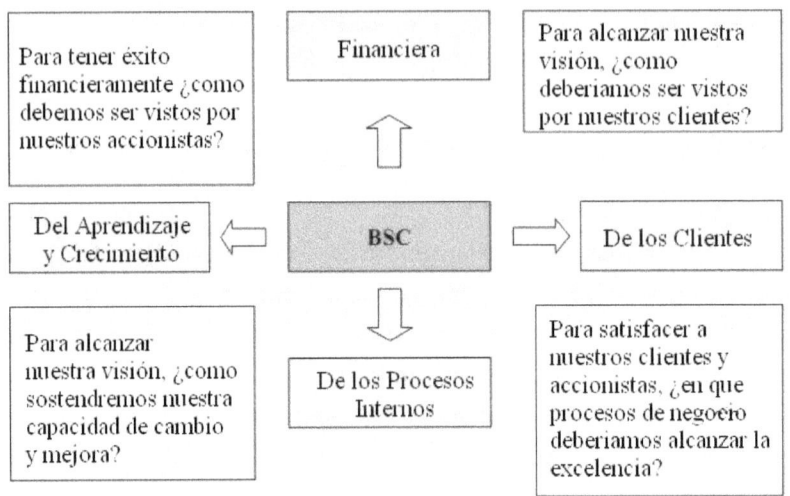

Para cada área relacionada, aún deben ser controlados y gestionados los objetivos, medidas, metas e iniciativas, que a su vez proporcionan el progreso de la alineación estratégica.

MODELOS DE ALINEACIÓN ESTRATÉGICA DE TI

La alineación de TI y negocios provienen de la automatización de procesos organizacionales, basada en criterios de eficiencia (Rose).

Henderson y Venkatraman

Henderson y Venkatraman se refieren a las organizaciones a través de cuatro áreas principales: estrategia de negocios y de TI, que conforma la visión externa y la infraestructura organizacional de procesos, y de TI, que compone la visión interna. En este sentido, la alineación estratégica de la TI tiene sus raíces en estos dos puntos de vista, que se originan del entorno externo (posición de la organización en el mercado) y el entorno interno (estructuras y procesos de apoyo en el mercado), como se ve en la figura 2.

Figura 2: áreas de decisión en el proceso de alineación estratégica

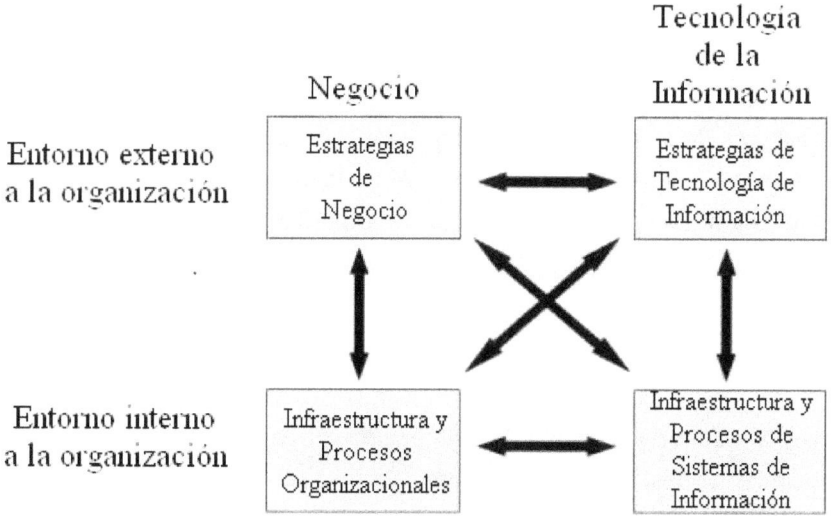

Por lo tanto, los autores sintetizan claramente la relación de estos cuatro casos que sirve como una referencia junto con los diversos modelos citados más adelante.

Chan

Este modelo se centra en la discusión de la asociación directa de la alineación estratégica de la TI con su eficacia junto con el rendimiento y el impacto de negocios. Chan afirma que desarrollar la estrategia de TI es la base para la alineación entre TI y negocio. Sin embargo, Joia y Souza afirman que los sistemas de información ayudan efectivamente en los resultados organizacionales, en vista de las inversiones en TI.

Luftamn

Con la percepción de Luftamn surge la necesidad de evaluar el nivel de madurez de la alineación estratégica entre negocio y TI, ahora, derivando de modelos más actuales del mercado, como el caso del CMM o Cobit. En este modelo, es defendida la tesis de que las aplicaciones de la TI son la base para la alineación con el negocio y que haya estabilidad en ambas áreas. Así Luftman refleja la madurez de una organización, proporcionando los medios para saber como está y cuál es su dirección, así como las formas de mantener su posición.

Kearns y Sabherwal

Kearns y Sabherwal tienen la percepción de que la gestión del conocimiento está estrechamente vinculada a la alineación estratégica y, los mismos autores, también afirman que la participación de los gerentes tanto de negocios como de TI deben desempeñar un papel en ambas áreas, por lo tanto, relacionando conocimiento con la gestión eficaz.

FRAMEWORKS DE GESTIÓN DE TI

La gestión de la TI traduce la idea de que su eficacia es una parte clave junto a la alineación estratégica (Laurindo), que abarca todos los procesos empresariales informatizados, como se muestra en la Figura 3; aumentando en gran medida el nivel de gobierno de TI mantenido por la organización.

Figura 3 - integración de negocio y TI

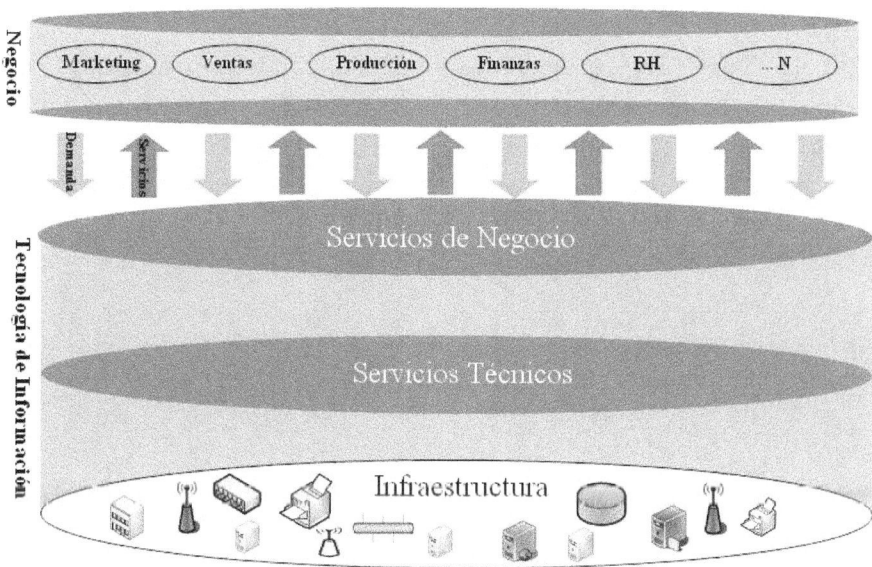

Para ello, el grupo Gartner (consultoría mundial de TI y de negocios) muestra que los modelos más exitosos y de nivel de relevancia para la gestión de TI son los modelos: Cobit, ITIL y CMMi.

COBIT (CONTROL OBJETIVES FOR INFORMATION AND RELATED TECHNOLOGY)

Este framework de gestión creado por ISACA (Information Systems Audit and Control Association) tiene como base normas internacionales, las cuales relacionan los métodos y estructuras documentadas para la gestión y la auditoria en el área de TI. En su versión 4.1 (COBIT, 2011) tiene una estructura (Figura 4) de objetivos de control, directrices de gestión y modelos de madurez, lo que refleja la percepción de lo que hacer por el gerente de la empresa, por lo general el CIO (Chief Information Office).

Los objetivos de control se dividen en cuatro grandes procesos clave organizados por: planificación y organización; adquisición e implementación; implantación y soporte y seguimiento.

Figura 4: Principios básicos de COBIT 4.1

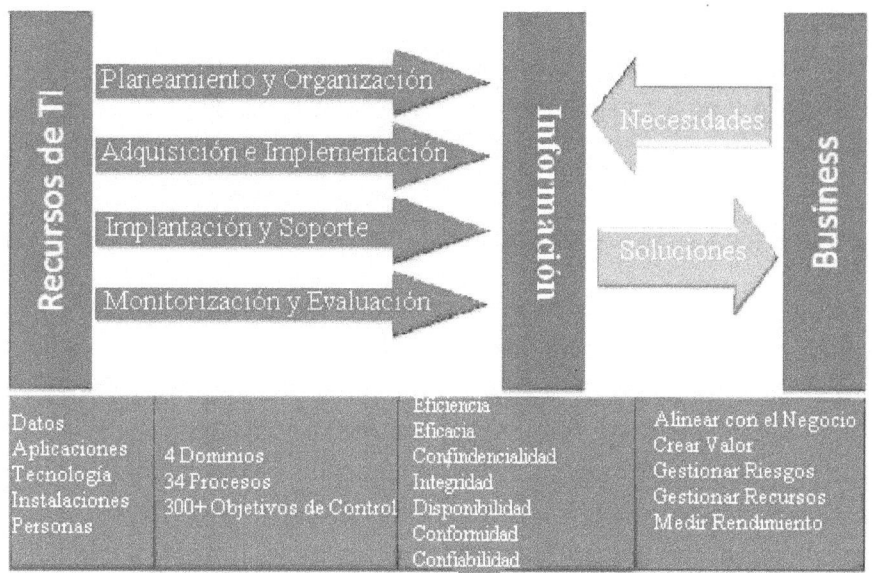

| Datos Aplicaciones Tecnología Instalaciones Personas | 4 Dominios 34 Procesos 300+ Objetivos de Control | Eficiencia Eficacia Confindencialidad Integridad Disponibilidad Conformidad Confiabilidad | Alinear con el Negocio Crear Valor Gestionar Riesgos Gestionar Recursos Medir Rendimiento |

ITIL (INFORMATION TECHNOLOGY INFRASTRUCTURE LIBRARY)

ITIL fue desarrollado en Inglaterra a mediados del año 1980 por el OGC (Office of Government Commerce) para implementar un mejora en la estandarización de los procesos de las mejores prácticas de TI junto a los órganos gubernamentales (Mansur). ITIL en la versión tres se divide en cinco áreas que tratan de centrar en la gestión del ciclo de vida, a través de varios procesos más pequeños, que gestionan e integran los objetivos de negocios y servicios.

Según Barbosa, ITIL guía la alineación entre la estrategia de TI y los negocios con el fin de clasificar los servicios y procesos, incluyendo la relación con los clientes. Por lo tanto, el principio básico que ITIL propone es crear valor junto a los servicios y entregarlos como objetivo principal a los clientes y partes interesadas involucradas.

CMMi (CAPABILITY MATURITY MODEL INTEGRATION)

Este modelo, creado por el SEI (Software Engineering Institute), es ampliamente utilizado para referenciar prácticas y medir la madurez de procesos tanto genéricos como específicos. Se subdivide en dos modelos de uso: el modo continuo, con medición de los niveles de capacidad de los procesos y así por etapas, en donde hay una secuencia de evolución que traduce los niveles de madurez de la organización. En cuanto a los niveles, que se enumeran desde el nivel inicial, con ninguna o casi ninguna norma de proceso, hasta el nivel cinco, llegando a la optimización de los procesos.

Figura 6: Representación del CMMi

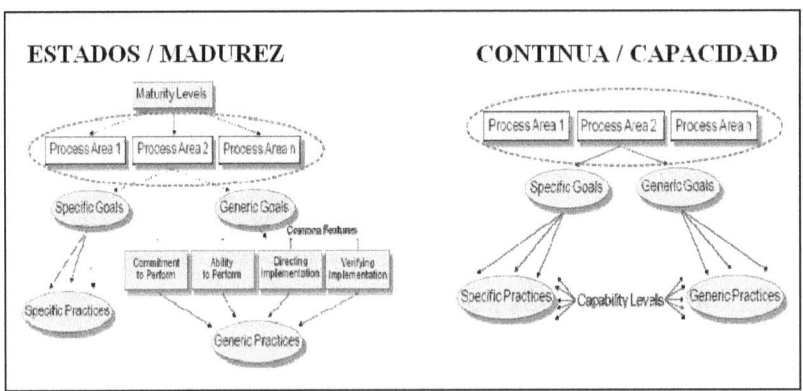

El modelo propuesto es una evolución del CMM, que está enfocado a empresas de desarrollo de software. En el modelo CMMi hay una integración de varias áreas clave tales como: Systems Engineering (SE), Software Engineering (SW), Integrated Product and Process Development (IPPD), Supliré Sourcing (SS) (SEI, 2011).

En su versión 1.3 hay un abordaje específico para tres modelos diferentes: CMMI-DEV, dirigido a los procesos de desarrollo de productos y servicios; CMMI-ACQ, en relación con los procedimientos de adquisición y contratación externa de bienes y servicios y CMMI-SVC, centrado en los servicios.

DE LA GESTIÓN AL GOBIERNO EN CINCO PARTES

En el inicio de la segunda década del siglo actual aún estamos pasando por la fase de transición de lo que es gestión a lo que será la dirección. La distinción de esos dos conceptos es más que una teoría, es una guía para el gestor desorientado frente a los desafíos corporativos actuales.

DE LA CIBERDEPENDENCIA A LOS PROCESOS EMPRESARIALES

Las tecnologías de Internet desembarcaron en muchos países a la vez, desafiando las instituciones existentes y poderosos intereses, ya que su difusión fue acompañada de ideas globales a cerca de financiación del capital de riesgo, influencia comercial y modelos radicales de negocio.

La Tecnología de la Información, después de su primer siglo de existencia, aún se presenta como un terreno desconocido a los ojos laicos de usuarios de los servicios prestados por estructuras dependientes de ordenadores. La paradoja es evidente: mientras que la tecnología avanza, estando cada vez más próxima del usuario final - técnicamente laico -, las innovaciones y posibilidades crean nuevos distanciamientos y, consecuentemente, la permanencia de la sensación de ser intocable.

Esa sensación se mostró en la breve historia de la TI en diversos momentos. El empleo de ordenadores para la ejecución de tareas imposibles a humanos y la supervalorización del capital intelectual del especialista en informática - lenguajes de programación, infraestructura, redes y manipulación de datos - son ejemplos de la distancia entre el desconocido mundo computacional y el usuario laico que ha visto la TI como una reformuladora de las necesidades del mundo real para un medio accesible al uso pero no a su comprensión. De la creación del PC en la década de 1970 al boom de Internet, entre los años 1999 y 2001, el mundo vio gradualmente nacer de la red soluciones para sus necesidades domésticas y profesionales. Los ágiles editores de textos sustituían a los pocos a las lentas y pesadas máquinas de escribir. Las empresas creaban bases de datos y controlaban sus stocks, sus clientes, sus contactos y su facturación. El usuario no profesional aprendió a hacer presupuestos domésticos con plantillas simples para control financiero. La ingeniería abrió la mano de los soportes, transferidores y reglas para calcular sus creaciones.

El área médica pudo ver diagnósticos de laboratorios de forma más rápida. El comercio cambió: cualquiera podía vender y comprar a través del ordenador. La posibilidad de compartir creaciones con otras personas en cualquier lugar del planeta, sin la necesidad de desplazamientos, hacía el mundo girar más rápido. Los gobiernos ampliaron la relación con el ciudadano y ofrecieron servicios on-line. En el año 1990, una persona tardaba semanas "montando" su declaración de impuestos. En el año 2001, el mismo trabajo era hecho en pocas horas.

La vida se volvió más rápida, el lenguaje más rico y las costumbres renovadas. Además del movimiento de ver soluciones surgir de necesidades, las personas vieron el movimiento inverso: de necesidades nunca antes pensadas surgidas a partir de una "solución". En el boom de Internet, surgían empresas a cada instante siempre para ofrecer una nueva necesidad, como servicios de agenda calórica para control de dietas, servicios de previsión del tiempo o la imagen de un reloj atómico transmitido por una webcam en tiempo real. Tener la informática activa en lo cotidiano pasó a ser un mandato y, muchas veces, innecesario.

Lo que se provocó con todo eso fue el arraigo de la TI en los procesos empresariales y en las costumbres humanas. Vivimos una era de ciberdependencia doméstica, educacional, corporativa y gubernamental y, con eso, una era de reevaluación de la comodidad que se instauró en los entornos informatizados. No se trata de una reevaluación motivada por la consecuente dependencia pero sí por la posibilidad de perfeccionar la capacidad que la informática tiene para generar beneficios a la sociedad. La necesidad de examinar a la TI extrapola el sentido de supervivencia profesional. El arraigo de la TI en los procesos empresariales, evidenciado por los servicios cada vez más informatizados, atribuye a los profesionales involucrados la responsabilidad de sus resultados, no solamente por la visión financiera de la corporación, sino principalmente por la relación de respeto a los anhelos del cliente-usuario de sus servicios. Esa tendencia viene colocando definitivamente a la TI en los procesos de negocio.

Los modelos de gestión empresarial sufrieron una relectura a partir del fenómeno de la globalización en la década de 1990, lo que significó la internacionalización de las finanzas, del gobierno corporativo y del comercio. Concurrentemente, Internet surgió con fuerza en ese mismo periodo con el primer boom, en el año 1994, y con el segundo boom, en el año 1999, y que, según Kogut, fue un marco que muestra la relevancia de la TI en las relaciones de negocio:

Esa coincidencia [el boom de Internet en medio de la globalización] coloca duros desafíos a los modelos institucionales históricos que gobiernan el desarrollo y la explotación de tecnologías e innovaciones dentro de las naciones. Históricamente, los países fueron definidos por más que sólo fronteras políticas, también por instituciones y convenciones más o menos coherentes que definían la formación de conocimiento de una fuerza de trabajo y los modos empresariales por los cuales las tecnologías son comercialmente desarrolladas y comercializadas. Las tecnologías de Internet desembarcaron en muchos países a la vez, desafiando las instituciones existentes y poderosos intereses, ya que su difusión fue acompañada de ideas globales a cerca de financiación de capital de riesgo, difusión comercial y modelos radicales de negocio.

EL PAPEL DE LA TI EN LOS OBJETIVOS DEL NEGOCIO

Los movimientos de reordenación en la economía mundial, entre tanto, venían siendo discutidos desde la década de 1980 debido a las crisis financieras en Europa. Había preocupaciones, sobre todo en Inglaterra, a cerca de la necesidad de una mejor gestión después de los escándalos financieros y corporativos en el país. En el inicio de la década de 1990, surgieron de esas preocupaciones las primeras publicaciones de lo que hoy conocemos como gobierno corporativo, un conjunto de buenas prácticas de cómo administrar la empresa y mantener la salud corporativa. La iniciativa se reflejó en otros países y ganó más importancia en la agenda de empresas y gobiernos.

Las discusiones alrededor del mundo sobre la necesidad de controlar los dominios de la TI venían siendo pauta desde la década de 1970, a partir de teorías de gestión de procesos de desarrollo de sistemas. En Inglaterra, la formalización sobre el asunto surgió con el establecimiento de un framework para la gestión de servicios de TI que, después de revisiones continuas, fue publicado en varios volúmenes entre los años de 1989 y 1996 como Information Technology Infrastructure Library (ITIL). El ITIL se convirtió en los años siguientes en un modelo de hecho para la gestión de servicios de TI, sirviendo de base para un código de prácticas publicado en 2000 como BS 15000.

El estándar británico fue pionero en el asunto y también fue rápidamente asimilado por otros países, ya fuera cómo estándar de hecho o como modelo para normas locales, como por ejemplo el de

Australia y de Sudáfrica. La aceptación internacional del estándar y de sus consecutivas revisiones dio origen en el año 2004 al proyecto de creación de un estándar internacional, a ser mantenido y divulgado ampliamente: la ISO/IEC 20000, publicada oficialmente en 2005.

Los beneficios advenidos de la reflexión sobre la importancia de la TI en el mantenimiento de los objetivos de negocio de las corporaciones fueron fundamentales para que modelos de gestión de la TI pasaran a ser indispensables. Sin embargo, aquellas preocupaciones surgidas en la década de 1980 y de sus variaciones y revisiones hasta el milenio no fueron los aceleradores de la adopción internacional de los estándares de gestión de la TI. Los cambios en los humores mundiales por cuenta de los escándalos financieros de Enron y de otras empresas, hicieron mandatarias las prácticas de gestión para prevenir fraudes y apuntar responsables.

En EEUU, esas prácticas fueron reglamentadas por el Sarbanes-Oxley Act, ley publicada en el año 2002. Posteriormente, con el mismo objetivo de crear estándares de gestión responsable, esta vez para el sector bancario, surgió el Acuerdo de Basilea II, publicado en el año 2004. Ambos marcos reguladores afectaron de forma significativa a los procesos de TI, ya que las informaciones financieras y de resultados son oriundas de todos los procesos de negocio que generan hechos contables y financieros para la empresa, y que pueden estar automatizados o no.

El gobierno de la TI surge así como la interfaz del negocio con los procesos de la TI, como una puerta de comunicación que traduce las intenciones estratégicas en acciones operacionales planeadas y que define los efectos de esas acciones en resultados comprensibles a los ojos de los tomadores de decisiones de la compañía.

El gobierno de la TI representa el paso siguiente en la gestión de la TI, que inicialmente se limita a los dominios de la infraestructura y que posteriormente se expande para administrar sus servicios. El sector antes cerrado para el resto de la empresa pasa a ser más transparente y accesible a los planes corporativos, menos oscuro, aunque no técnicamente. El alineamiento estratégico de la TI al negocio se hace, por lo tanto, indispensable para empresas de cualquiera porte y representa el nivel alto de madurez alcanzada en su gestión.

LA GESTIÓN DE LA TI

La gestión de la TI surge en el escenario evolutivo de la computación como una consecuencia de la complejidad que se alcanzó en las corporaciones. Sallé apunta la TI como un elemento esencial de la corporación, al punto de existir algunas modalidades de negocios incapaces de vivir sin ella. La función de la TI sufrió cambios a lo largo del tiempo y, así pues, la forma de como pasó a ser gestionada también cambió. Mathias Sallé presenta tres estados de la función de la TI a lo largo del tiempo (Tabla 1).

Función	Tipo de Gestión	Características
Proveedor de	Gestión de	Se centra en la gestión de la

69

Tecnología	Infraestructura TI	infraestructura, maximizando el retorno de los activos y controlando dispositivos y datos generados.
Proveedor de Servicios	Gestión de Servicios TI	Identifica los servicios necesarios a los clientes y se centra en el planteamiento y entrega de ese servicio para llegar a las exigencias de disponibilidad, forma y seguridad. Gestiona los niveles de servicios acordados.
Socio Estratégico	Gestión del Valor del Negocio de la TI (Gobierno de la TI)	La TI actúa como socio, habilitando nuevas oportunidades de negocio. Los procesos de TI están totalmente integrados con el ciclo de vida de los procesos de negocio, aumentando la calidad del servicio y la agilidad del negocio.

El estado como Proveedor de Tecnología es el estado inicial asumido por la TI, cuando su foco se limita a los dominios de la tecnología no envolviéndose con el negocio. En el estado siguiente, la TI ya amplió su visión y entró en los dominios del negocio pero aún centrada en sus dominios tecnológicos. En el tercer y último estado - presentado por el autor como un escenario futuro - la TI y el negocio se funden, siendo casi imposible entender cuando un proceso es de TI o de negocio. En ese último estado, las acciones son conjuntas y dirigidas al negocio (Figura 1).

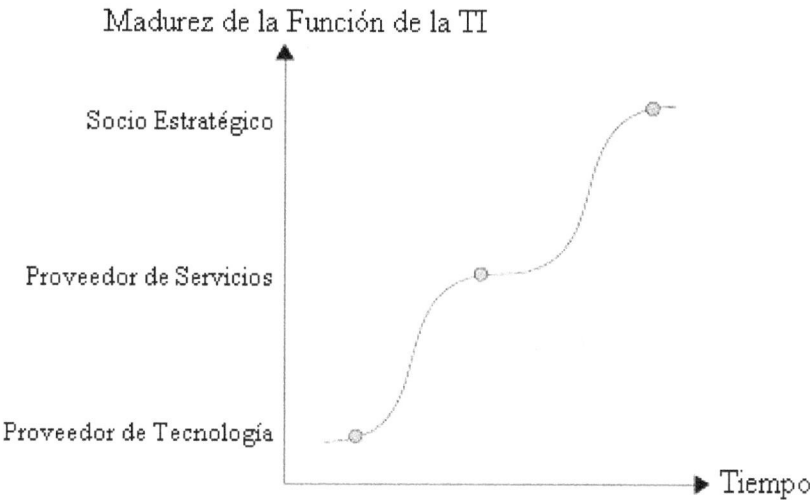

Madurez de la Función de la TI

Socio Estratégico

Proveedor de Servicios

Proveedor de Tecnología

Tiempo

Figura 1 – Evolución de la madurez de la función de la TI en función del Tiempoi

Magalhães y Brito abordan el tema observando la evolución de la gestión en función del tiempo histórico. Para eso, ilustran el avance tecnológico insertado en el contexto de la evolución de la gestión en función de la dependencia del negocio a la TI (Figura 2).

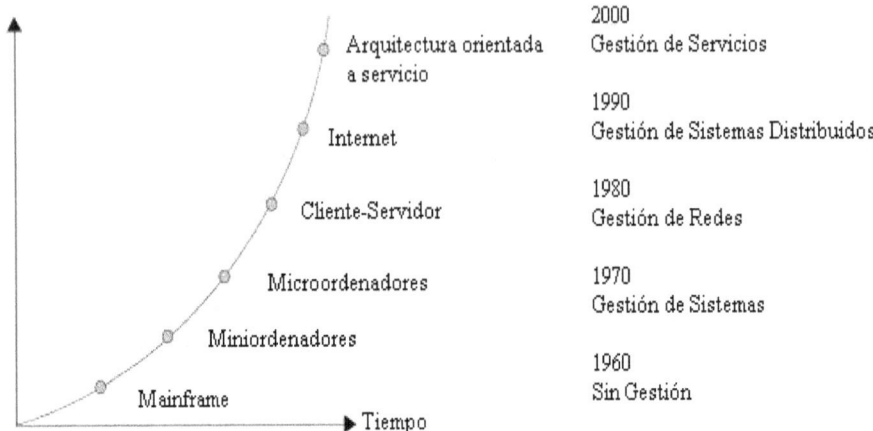

Figura 2 – Evolución de la gestión de TI versus Dependencia del Negocio

Por la temporalidad histórica, Magalhães y Brito discrepan de Sallé cuando identifican que el término gestión surgió en la TI como Gestión de Sistemas en la década de 1970. Para Sallé, la década de 1970 es tenida en cuenta cómo una era obscura para la gestión de la TI. Ambos, sin embargo, concuerdan cuando apuntan la evolución de la gestión como resultado de la dependencia que las organizaciones crearon a partir de la TI. Para Magalhães y Brito, esa evolución agregó a la TI actividades importantes y que trajeron ventajas competitivas al negocio. Tales actividades son:

- Diseño
- Planificación
- Implementación
- Operativa

72

- Soporte

Aún según ellos, cada una de esas actividades de gestión dirige a la TI para los siguientes objetivos

- Garantizar y aumentar la disponibilidad de la infraestructura de la TI;
- Elevar el nivel de los servicios prestados;
- Permitir flexibilidad en la atención de la demanda;
- Disminuir los efectos de los cambios;
- Aumentar la eficiencia en la resolución de los problemas;
- Reducir los costes de los fallos;
- Disminuir los costes de los servicios de TI.

Además del legado gerencial acoplado a la evolución de la TI, otro factor relevante contribuyó significativamente para la consolidación de las prácticas gerenciales en la TI: las altas inversiones en el área. La gestión de la TI pasó a ser estratégica para la toma de decisiones en las empresas, no solamente para garantizar el alineamiento al negocio sino sobre todo para controlar su coste. Según el Gartner Group, Inc., entre el 60 y el 90% del TCO (Total Cost of Ownership - Coste Total de Propiedad) de la infraestructura de TI se destina a los esfuerzos de gestión y soporte (MAGALHÃES; BRITO, 2007, p. 80).

Las inversiones en tecnología vienen siendo innegablemente infladas y ya representan buena parte del presupuesto de las corporaciones. En el año 2010, la Gartner predijo que los gastos en TI de las empresas en todo el mundo estarían en torno a los 3,4 trillones de dólares, un 4,6% más que las inversiones hechas en el año 2009

(IPNEWS). La consultora apuntó ese crecimiento como modesto, debido a la crisis económica mundial. Por lo tanto, gestionar la TI es una necesidad de mantenimiento de la salud financiera y de supervivencia del negocio y no sólo del funcionamiento de un área de la empresa.

METODOLOGÍAS DE GESTIÓN

La gestión de Servicios de TI comprende completamente la Gestión de la Infraestructura de TI, sin embargo de forma más amplia ya que pasa a mirar fuera de los dominios de la tecnología

La evolución entre Gestión de Infraestructura de TI y Gestión de Servicio de TI se caracterizó por la colocación de la entrega de servicios en el centro de la gestión de la TI. Ese proceso, que llevó veinte años, se inició formalmente en la década de 1980 con el establecimiento de metodologías de gestión de sistemas (IBM ISMA e ITIL). Tales metodologías fomentaron el surgimiento de variaciones adaptadas y perfeccionadas de sus principios, que a lo largo de la década de 1990 resultaron en las metodologías centradas en servicio (HP ITSM, MOF y BS15000) (Figura 3).

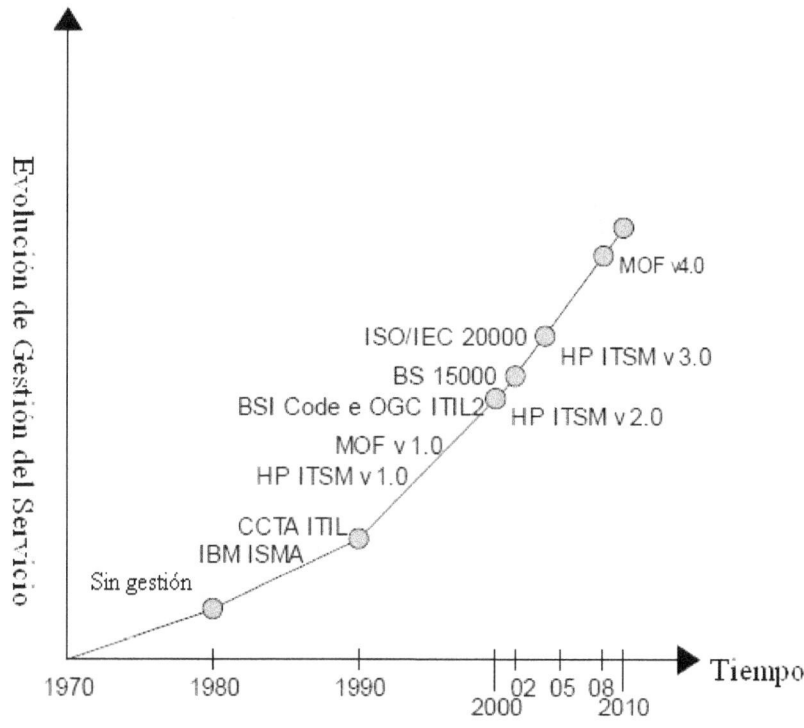

Figura 3 – Evolución de las metodologías de Gestión de TI

De los dos modelos iniciales, el que tuvo aceptación plena en el mercado fue el ITIL, tal vez por no estar vinculado a una plataforma como ocurre con el IBM ISMA.

El establecimiento de las metodologías centradas en servicios, por su parte, se adaptaron para un modelo completamente alineado al negocio, ayudando a las organizaciones a pasar por el periodo de transición entre Proveedor de Servicios y Socio Estratégico, es decir, de Gestión de Servicios de TI a Gobierno de la TI. Esa nueva etapa fue posible porque el foco en el servicio se superpone a los dominios técnicos de la gestión de la infraestructura.

La gestión de Servicios de TI es un conjunto de procesos que cooperan para garantizar la calidad de los servicios de TI de acuerdo con el nivel de servicio acertado con el cliente. Eso se superpone a los dominios de gestión tales como gestión de sistemas, gestión de redes, desarrollo de sistemas y sobre muchos dominios de procesos como gestión de cambio, gestión de activos y gestión de problemas.

De esa forma, se entiende que la gestión de Servicios de TI comprende completamente la Gestión de la Infraestructura de TI, sin embargo de forma más amplia, ya que pasa a mirar fuera de los dominios de la tecnología. Lo mismo no ocurre con el proceso evolutivo que lleva al Gobierno de la TI, pues en ese caso las metodologías se complementan, entrelazando los dominios de la TI con los dominios del negocio, es decir, mientras la TI es gestionada por un conjunto de procesos que cooperan para garantizar la calidad de sus servicios, el negocio es dirigido con el apoyo de la TI con base en las directrices del gobierno corporativo.

Mientras el dominio de la gestión de la TI se centra en el suministro eficiente y eficaz de productos y servicios de TI y en la gestión de sus operaciones, el Gobierno de la TI encara un doble papel de (1) contribuir para la operativa y al rendimiento del negocio, y (2) transformar y posicionar la TI de cara a los desafíos futuros del negocio.

Peterson sugiere que la Gestión de Servicios de TI es de carácter interno y presente, mientras que el Gobierno de la TI es de carácter externo y futuro, conforme la siguiente gráfica (Figura 4).

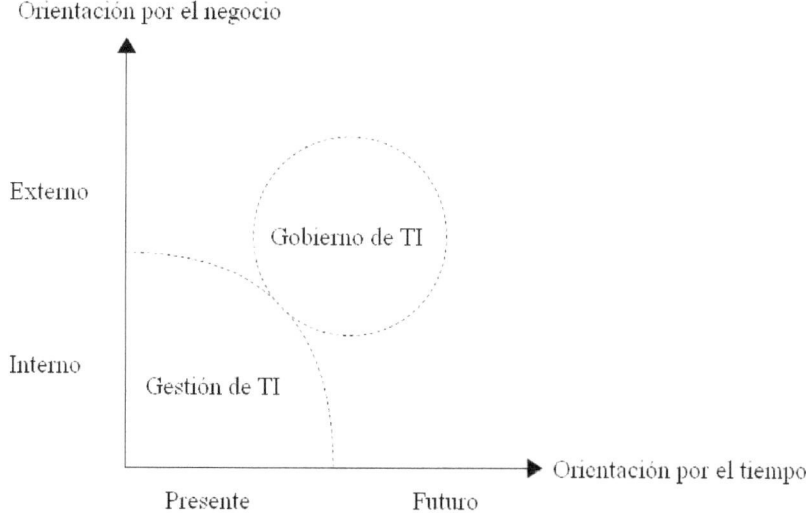

Figura 4 – Gobierno de la TI y Gestión de la TI

Acerca de las metodologías de gestión, destacan ITIL y BS 15000, este último posteriormente transformado en estándar ISO/IEC 20000.

EL GOBIERNO EN LA TI

El Gobierno de la TI, siguiendo el concepto evolutivo propuesto por Sallé, representa el estado de gestión en que la TI, teniendo sus procesos totalmente integrados a los procesos de negocio, asume la función de socio estratégico en la corporación, aumentando la calidad de sus servicios, dando agilidad y habilitando nuevas oportunidades de negocio. El término gobierno, sin embargo, superpone al término gestión en el escenario corporativo, lo que sugiere que ese estado más avanzado de la vida administrativa de la TI asume una función aún más próxima al negocio o menos de gestión y más de "articulación y cooperación entre actores sociales y políticos y arreglos institucionales que coordinan y regulan transacciones dentro y a través de las fronteras del sistema económico". El término gobierno surgió en el escenario mundial en la década de 1990, formalizado por el Banco Mundial en su documento Governance and Development del año 1992, como "el ejercicio de la autoridad, control, administración, poder de gobierno", "la manera por la cual el poder es ejercido en la administración de los recursos sociales y económicos de un país para el desarrollo" y "la capacidad de los gobiernos de planear, formular e implementar políticas y cumplir funciones" (GONZALVES, 2007, p. 1). La objetividad de la definición, aunque dirigida al empleo político, resume puntos claves que son identificables en otros usos del mismo término, como la ampliamente difundida expresión "gobierno corporativo", surgida también en la década de 1990.

El gobierno corporativo es el sistema que asegura a los socios-propietarios el gobierno estratégico de la empresa y la efectiva monitorización de la junta ejecutiva. La relación entre propiedad y gestión se da a través del consejo de administración, la auditoria independiente y el consejo fiscal, instrumentos fundamentales para el ejercicio del control. El buen gobierno corporativo garantiza equidad a los socios, transparencia y responsabilidad por los resultados (accountability).

O en su definición más reciente:

Gobierno Corporativo es el sistema por el cual las organizaciones son dirigidas, monitorizadas e incentivadas, envolviendo las relaciones entre propietarios, consejo de administración, junta directiva y órganos de control. Las buenas prácticas de gobierno corporativo convierten principios en recomendaciones objetivas, alineando intereses con la finalidad de preservar y optimizar el valor de la organización, facilitando su acceso al capital y contribuyendo a su longevidad.

El estrechamiento de las definiciones, que dio un sentido de gestión más amplio al concepto tradicional de "administrar", permite comprender el gobierno como una acción participativa entre los actores de un proceso, posicionados en sus diferentes niveles de actuación. Para la TI, que en su función más avanzada se coloca como un compañero estratégico para la organización, el término "gobierno se refiere a actividades apoyadas en objetivos comunes" (ROSENAU, 2000 apud GONZALVES, 2007, p. 5). Es decir, los objetivos corporativos, prescritos por un gobierno corporativo, son comprendidos y considerados por las áreas funcionales de la organización. El gobierno de la TI refleja los objetivos del gobierno corporativo, mientras centra en la gestión y uso de la TI para alcanzar las metas de rendimiento de la corporación (WEILL; ROSS, 2005). El gobierno, como sugiere la definición inicial en el uso corporativo, delega poderes y define responsabilidades - accountability - a cada uno de los actores, como forma de conducir las acciones de la empresa de forma responsable rumbo a sus objetivos. Significando también la gestión del valor de negocio de la TI y, por lo tanto, de valor estratégico para la corporación, "el gobierno de la TI es el establecimiento de derechos y responsabilidades para incentivar comportamientos deseables en el uso de la TI" (ibid.). O como define el ITGI (IT Governance Institute):

El gobierno de TI es de responsabilidad de los ejecutivos y de la alta dirección, consistiendo en aspectos de liderazgo, estructura organizacional y procesos que garanticen que el área de TI de la organización soporta y mejora los objetivos y las estrategias de la organización.

Dialogando Weill y Ross con el concepto de Peterson, en el que las acciones de gobierno de la TI son externas al área de TI y buscan resultados futuros para el negocio, se refuerza la necesidad de un gobierno corporativo anterior al gobierno de la TI para establecer objetivos de negocio, delegar responsabilidades y definir derechos en la interacción entre negocio y actores del proceso. El ITGI corrobora con la esencialidad del gobierno corporativo.

La necesidad de la evaluación del valor de TI, la gestión de los riesgos relacionados a la TI y las crecientes necesidades de control sobre las informaciones son ahora entendidos como elementos-clave del gobierno corporativo. Valor, riesgo y control constituyen la esencia del gobierno de TI.

La premisa del gobierno corporativo que sugiere la idea de establecimiento de estrategias de negocio no impone, sin embargo, que deba haber alineamiento estratégico entre TI y negocio, como sugieren algunos autores. Para Ross, las estrategias de negocio son multifacéticas, englobando decisiones como en que mercados competir, como la empresa se posicionará en cada mercado y que capacidades desarrollar. De esa forma, las estrategias raramente ofrecen direcciones suficientemente claras para el desarrollo de una TI estable y de procesos de negocios capacitados al logro de los objetivos.

EL GOBIERNO EN LA PRIORIZACIÓN DE PROYECTOS DE TI

El artículo de la CIO, publicado en febrero del año 2012, nos muestra el esfuerzo de la TI para llevarse bien con las demandas diarias venidas de todos los extremos de la corporación. Eso no es una gran novedad pero en una época en que los cambios son más veloces que la capacidad de adaptarse a ellos, la dificultad queda por cuenta de la habilidad del gestor de TI en priorizar lo que debe y lo que es posible de ser realizado cuando los recursos son escasos, las ideas ilimitadas y las necesidades no siempre tan necesarias...

Un escenario como ese es muy común. De un lado, el fantástico mundo de las innovaciones. Del otro, la fantástica fábrica de ideas brillantes. En medio de eso todo, la TI.

Las ideas, aunque loables, ignoran el principio de la viabilidad y surgen en las reuniones de planificación como una demanda aceptada o "envasada" para todos los involucrados. Son raras las demandas para la TI que llegan sin el entusiasmo de la certeza de éxito. La TI pasiva, aún sabiendo que la cosa no está bien, mira y "envasa". La complacencia es más grave cuando el sponsor es un individuo con poder de influencia aún mayor que los demás. En esos, los sprints tienden a ser priorizados en una lista donde el foco es el producto final, la obediencia jerárquica, y no su real utilidad o necesidad.

Ahora bien, sea de quien sea la idea, cuando la cosa sale errada, quien pierde es la empresa y no el ideador. Muchos proyectos ya nacen fallidos en la cabeza del ideador y muchas veces no por la pobreza de la idea sino por la desorientación hasta que sea realizada. El papel de la TI debe comenzar antes de la realización, si es posible, para que luego cuando la idea nazca su evolución sea norteada desde el inicio.

¿Imposible? Si su concepción de TI es que "la TI está en una esfera de actuación técnica y no participa de las acciones tácticas del negocio", la respuesta es sí, ¡es imposible!

La TI es más que una unidad funcional, ella es estrategia, es táctica, es definitiva en el éxito del negocio y no solamente porque agiliza y salvaguarda datos, sino, sobre todo, porque las nuevas y grandes ideas de negocios usan recursos que están bajo la sombra de la TI. En una analogía simple, si la música no fuera un arte y sí una nueva tecnología, sería imposible lanzar nuevos productos sin tener un músico y un compositor. En caso contrario solo se obtendría ruido.

En el arte, la estética es el elemento que rige su concepción y realización. En la TI, el gobierno es quien dirige tales etapas.

Cuando el CEO, en el camino del trabajo, lee en una revista que Apple perfeccionó su software de reconocimiento de voz tal vez nazca en su cabeza la idea de que sería óptimo poder tener a sus clientes usando en un iPhone su producto con un simple mandato de voz, algo semejante a lo que él acaba de descubrir que es posible hacer para quedar dentro de las condiciones del tráfico o de la meteorología. El

CEO difícilmente va a pensar cuánto cuesta un profesional especializado en el SIRI o cual es la infraestructura necesaria para mantener tal servicio disponible, finalmente desarrollar el programa y programar el ordenador. Pero, aunque sepa, alguien más en la empresa ya podría haber tenido la misma idea hace tiempo, antes de que él entrara en la corporación, y haber aprendido a un coste alto la inviabilidad de la misma.

Decir no, aunque no sea el papel del Gobierno de la TI, es una función extremadamente útil cuando los proyectos son ponderados antes de llevarlos a ejecución. El deslumbramiento de los procesos proporciona controles, sean ellos de los costes, de los recursos, de las capacidades o de las innovaciones, además de permitir la priorización de las demandas con valor real para la empresa. Sin conocerlo todo, es imposible actuar de esa manera. Por eso, el gobierno es el maestro de la TI.

David Cearley, vicepresidente de la Gartner, dice:

Como los recursos no son infinitos, la gestión de TI necesita reformular su papel para hacerse más que un corrector de servicios de TI, trabajando en conjunto con el negocio para comprender las principales prioridades y funcionar como un facilitador, no como un obstáculo para la implantación de la nueva tecnología.

El principio de la colaboración es el elemento que difiere la evolución de la TI en el tiempo. En el pasado, la TI era meramente implementadora de tecnología, hoy, su papel cala en las decisiones del negocio. Las palabras de Cearley resumen bien el pensamiento de los nuevos gestores, que miran la TI no sólo como una centralizadora de demandas, sino, sobre todo, como una integradora de soluciones, y el resultado de eso es el re-uso de recursos y de trabajo, algo que reduce coste y tiempo y que reevalúa los elementos de éxito.

Por fin, la gestión de proyectos, fuera de la estructura organizacional de la TI, tiene como aliado vital el Gobierno de la TI, una orientadora decisiva en las acciones de la empresa, capaz de hilvanar devaneos a la pura realidad.

¿GESTIÓN O GOBIERNO? ¿QUE ESTOY HACIENDO?

Muchos profesionales del área de TI, sobre todo los de infraestructura, se cuestionan si hay diferencias entre gestión y gobierno de la TI. Vale saber que las hay.

Gestión es diferente de gobierno y la diferencia está en el papel que la TI ejerce en la corporación. Mathias Sallé dice que la TI puede ser:

- Un simple proveedor de tecnología, centrada en la entrega de los recursos computacionales;
- Un proveedor de servicios, cuando además de la entrega de los recursos computacionales actúa con sus habilidades para sumar valor al negocio, con consultora técnica, garantizando la disponibilidad, la capacidad, los niveles de servicio acordados, etc.

- Un socio estratégico, cuando además de suministrar tecnología y servicios, mantiene relación directa con las intenciones estratégicas de la empresa para conducir sus acciones de gestión.

Si su TI está en los dos primeros casos, sus actividades son de gestión. Es decir, usted gestiona la entrega y el soporte a los recursos y servicios (disponibilidad, capacidad, configuraciones, finanzas, el nivel de servicio, la resolución de problemas, etc.) de acuerdo con las directrices definidas para la TI. El gobierno ocurre a partir de ahí, sin embargo, requiere sintonía con la estrategia del negocio. Y es ahí que las cosas se complican. La visión clásica del gobierno defiende que el alineamiento estratégico es el secreto del éxito. Sin embargo, hay autores, como Jeanne Ross, que dicen que es casi imposible alinear la TI con la estrategia de negocio porque las estrategias de negocio tienen muchas facetas y estas no siempre pueden ser traducidas en acciones en la TI, como, por ejemplo, la definición de la cobertura geográfica de un producto y el posicionamiento que la empresa asume en cada mercado.

De esa forma, las estrategias raramente ofrecerían direcciones lo suficientemente claras para el desarrollo de una TI estable y de procesos de negocios capacitados al logro de los objetivos. Sea como fuera su línea de concordancia, lo que importa hasta aquí es saber que el gobierno comprende una sintonía más fina con el negocio que la mantenida por la gestión. De ahí queda más fácil comprender los dominios de la ITIL y del COBIT.

EL VERDADERO VALOR DE LA INFORMACIÓN – BUSINESS INTELLIGENCE

¿Quien compraría un periódico a las 21h?

No tendría sentido pues la información en él contenida no tendría el más mínimo valor al estar obsoleta, aún más en la era de la información rápida y disponible en cualquier lugar y momento.

Y ¿por qué aún hay empresas que dejan pasar todo el mes para solamente al final saber cuánto fueron sus ganancias, sus ventas, en fin, aquellas informaciones importantes y que si no son bien gestionadas pueden hacer descarrilar su negocio?

Bien, no hay respuesta exacta para esa cuestión, hay sí, algunas explicaciones un tanto convincentes.

La mayoría de las empresas en la actualidad poseen sistemas de información para cumplir obligaciones legales, por ejemplo, emisión de Factura Electrónica, otras para controlar stock, algunas para el control financiero de lo que se tiene a recibir o a pagar,… pero la gran mayoría sólo registra las informaciones y cada vez más aumenta el volumen de las mismas, mientras que, el ciclo "entrada -> procesamiento -> salida" no se completa llegando a ese último paso con resultados satisfactorios.

Vemos en los ERPs actuales incontables informes pero siempre sobre un asunto operacional que nada mejora al gestor para tener una visión clara "de lo que está sucediendo", algunos ejemplos son: "Informe de Movimientos de Stock", "Informe de Facturación Diario", "Informe de Títulos a Recibir", y así sucesivamente. Hay sí casos de "Análisis de gestión de ventas", pero su contenido no es nada más que una lista de vendedores y el valor vendido por los mismos en un determinado periodo documentado.

Lo que queremos decir es que hay mucha más información "envasada" en una base de datos de lo que nuestra vana filosofía puede imaginar.

Podemos abstraer informaciones preciosas que, a día de hoy con la competencia y rapidez brutal como las cosas suceden, pueden ser la salvación de una organización. Tenemos que gestionar en la actualidad una infinidad de ítems diferentes, clientes en las más diversas localidades del país (o del planeta en algunos casos), concurrentes que están a 1 clic de distancia, bien diferente de la época en la que teníamos 2 o 3 modelos de tenis, 1 o 2 sabores de helado, o éramos la referencia del mercado para un determinado producto, es decir, es físicamente imposible analizar toda esa gama de informaciones "en el libro".

Pero somos inteligentes, sabemos como hacerlo, necesitamos sólo de herramientas, sean las más simples como plantillas electrónicas o un Sistema de Gestión de Informaciones con capacidad analítica y algoritmos de inteligencia. Y es ahí donde entra la Inteligencia de

Negocios o Business Intelligence (BI) como fue bautizada en los años 90 por el Instituto Gartner.

Hablar sobre BI es siempre polémico pero la cuestión es: ¿que debería ser el BI?

Intentaremos tratar la cuestión y despertar una reflexión sobre que debería ser el BI porque no hay una definición simple y única para esta cuestión. Cada empresa, cada gestor, "necesita" de un BI con lo que "generar" más valor a su negocio.

En la disciplina de "Teoría General de la Administración" aprendemos que hay que respetar "la vocación del gestor", que viene llena de convicciones y que nada ni nadie lo harán creer de otra forma.

Tenemos gestores financieros que se centran más en evitar impagos, reducir el plazo medio de recibimiento, pagar menos tasas bancarias, … otros prefieren crear un proceso operacional estándar y apostar en el mercado financiero como una forma de protección para su capital financiero.

Encontramos empresas del sector industrial donde la vocación principal de su presidente es el área comercial, entonces la pregunta es, ¿que adelantaría un análisis profundo de la gestión de la producción, stocks, logística para ese gestor? Casi nada o nada. Él no "verá" valor en eso.

Nosotros como profesionales tenemos la obligación de entender que vocación es la necesidad real del gestor.

No hay más espacio para intentar vender proyectos fantasiosos de borradores con lucecitas de colores que parpadean cuando algo va bien o mal.

Tenemos que tener el foco en el resultado que se espera, lo que realmente genera valor al negocio que es la información con consistencia, en el formato y la hora exacta, con la disponibilidad necesaria.

El BI es un proceso de conocimiento de la empresa por su propio gestor; él muchas veces no sabe como su sistema ERP calcula el stock medio, el margen de ganancias, el riesgo del cliente, etc. y la implantación del concepto de Inteligencia de Negocio traerá, muchas veces, respuestas indeseadas como "su base de datos es inconsistente" y tenemos que tener la certeza de lo que estamos hablando y coraje para enfrentar las repuestas como "Su BI está equivocado".

QUE ES EL BUSINESS INTELLINGENCE

Entonces, ¿que es el BI?

El Business Intellingence es una herramienta empresarial actual pero históricamente remite a tiempos inmemoriales. El BI no es nada más es que el acto de cruzar informaciones para obtener mejores condiciones a la hora de tomar la decisión más correcta.

Los pueblos antiguos ya utilizaron esta tecnología. Persas, egipcios y otros pueblos necesitaron reunir informaciones para decidir la mejor época de plantación o para la cosecha, saber si y cuando podría llover o que enemigo podría atacar y cuando.

Volviendo a la era presente, el BI es un arma empresarial estratégica para que los gestores puedan tomar decisiones y no dar tiros a ciegas utilizando especulaciones infundadas. Él surge en la década de los años 70 en una época en la que no había bases de datos o softwares con interfaces de escritorio. Antes llamado de OLAP o DW fue renombrado como Business Intelligence por Gideon Gartner, también creador de la Gartner Group.

COMO EL BI PUEDE ALCANZAR SU OBJETIVO

A través de la tecnología vigente, se debe extraer e integrar los datos de múltiples fuentes. Múltiples por qué algunas empresas poseen un sistema de almacenamiento de datos para cada sector. Hecho esto, esos datos son almacenados en el repositorio de una tecnología llamada Data Warehouse. Esa tecnología posee una super base de datos y es orientada al asunto, lo que facilita el análisis para la toma de decisiones. Entonces, analizando los datos contextualizados, analizando causa y efecto, con años de informaciones almacenadas en una fuente uniforme, el gestor puede llegar a una decisión mejor.

El BI funciona a través de algunas tecnologías, estas son:

- Data Warehouse
- ETL (extract, transform, load)

- Data Mining
- OLAP

DATA WAREHOUSE

Según:

- Imon- "Es una colección de datos orientados a asuntos, integrados, variables en el tiempo tiempo y no volátiles, para dar soporte al proceso de toma de decisión".
- Kimball- "Es el conjunto de herramientas técnicas de proyecto, que cuando aplicadas las necesidades especificadas de los usuarios y a las bases de datos específicos permitirá que planeen y construyan un data warehouse".

Data Warehouse es un sistema informático utilizado para almacenar información relacionada (informes y análisis) de una organización en una base de datos de gran tamaño, sobre una base consolidada, ayudando a llegar a la información estratégica que puede facilitar la toma de decisiones. Pudiendo ser capaz de ir a través de un operativo de almacenamiento de datos para las operaciones adicionales antes de utilizarse en el DW para la comunicación.

El DW permite el análisis de grandes volúmenes de datos, recogidos de los sistemas transaccionales (OLTP - procesamiento de transacciones en línea o de procesamiento de transacciones en tiempo real - son sistemas que se encargan de registrar todas las transacciones contenidas en una operación de la organización particular). Se puede llamar serie histórica, ya que permiten un mejor análisis de los hechos pasados, la prestación de apoyo a la toma de esta decisión y la predicción de eventos futuros. De forma predeterminada, los datos de un DW no se cambian, excepto cuando es necesario hacer correcciones de datos precargados. La herramienta más popular para trabajar con DW es el OLAP (Online Analytical Processing proceso o analítica en tiempo real - es la capacidad de manipular y analizar grandes volúmenes de datos desde múltiples perspectivas).

La principal fuente de datos se limpia, se procesa, es catalogada y puesta a disposición para su uso por los directivos y profesionales de los negocios en la minería de datos, OLAP, busca de mercado y apoyo a las decisiones. En la actualidad, por su capacidad de resumir y analizar grandes volúmenes de datos, la DW es el núcleo de los SIG (Sistemas de Gestión de la Información) y apoyo a las decisiones principales de BI.

ETL

El ETL es un proceso, su significado es Extract, Transform, Load, pues es exactamente eso. A través de herramientas como ODI (Oracle Data Integrator) o IS (Integration Services) es hecha la extracción de los datos de la base de datos relacional, la transformación de esos datos divergentes en un padrón y la carga de los datos en el data warehouse.

Está claro que este proceso no es tan simple, existen algunos procedimientos:

- Limpieza de datos: Los datos deben ser analizados para evitar la carga de datos contradictorios y para que la extracción ocurra solamente en los datos que tendrán importancia para el negocio.
- Integración de los datos: Hace que las diferentes fuentes de datos puedan "conversar" entre sí.
- Carga de los datos: Es la copia o transferencia de los datos para el data warehouse.
- Actualización de los datos: Es claro que, como estamos hablando de un sistema de toma de decisiones, los datos deben ser actualizados de lo contrario tendríamos un sistema obsoleto por desfase.

OLAP

On-line Analitical Processing es un SGBDM (Sistema Gestor de Bases de Datos Multidimensional). Funciona de forma dedicada a la toma de decisiones, posee varias dimensiones visibles, jerarquizadas en varias granularidades y sigue un modelo lógico multidimensional. Son generalmente desarrollados para trabajar en bases de datos de-normalizados.

El OLAP es un sistema analítico diferente del OLTP que es transaccional. La diferencia entre ellos está en el cuadro que se muestra a continuación:

Características	Operativo-OLTP	Decisión-OLAP
Objetivo	Op. Diarias del negocio	Analizar el negocio
Visión de los datos	Relacional	Multidimensional

Op. con los datos	Incl. Alt, Excl y Cons.	Carga y Consulta
Actualización	Continua(tiempo real)	Periódica (Bach)
Nº de Usuarios	Millares	Decenas
Tipo de Usuario	Operacional	Gerencial
Interacción con usuario	Predefinida	Predefinida y ad-hoc
Granularidad	Detallados	Detallados y resumenes
Redundancia	No ocurre	Ocurre
Volumen	Megabytes-Gigabytes	Gigabytes-Terabytes
Histórico	Hasta una actualización	5 a 10 años
Acceso a registro	Decenas	Millares

DATA MINING

Data minning o minería de datos es la utilización de los recursos de BI para la obtención de datos y generación de informes para ayudar en la toma de decisiones. Se hace la búsqueda de los datos relacionados con un determinado asunto y su cruce haciendo que las informaciones importantes sean identificadas para el posterior análisis de los datos.

OLTP X OLAP

OLTP

OLTP (On-line Transactional Processing) es un sistema utilizado como base de un SGBD (Sistema Gestor de Base de Datos) transaccional y permite la realización de comandos básicos como insert, update y delete. Es utilizado por la mayor parte de las empresas en pequeñas transacciones en tiempo real y de forma rápida. Como no guardan histórico de datos no son ideales para su utilización como soporte en la toma de decisiones.

El entorno:

El entorno OLTP es operacional, para lectura y grabación de datos. El acceso a los datos es atómico, es decir, no es posible un mayor detalle de los datos de lo que él ya presenta y estos son normalizados.

Sus principales puntos fuertes son:

Eficiencia: La posibilidad de la reducción de documentos y una mayor velocidad en la respuesta de los cálculos de gastos o retornos son ejemplos de como ese sistema puede beneficiar a la empresa que lo tiene como base de su SGBD.

Simplicidad: Él permite que el acceso a los datos sea más fácil, rápido y organizado, haciendo que su utilización perfeccione los procesos.

OLAP

On-line Analytical Processing es un SGBD relacional. Funciona de forma dedicada a la toma de decisiones, posee varias dimensiones visibles, jerarquizadas en varias granularidades y sigue un modelo lógico multidimensional. Son generalmente desarrollados para trabajar en bases de datos no normalizados.

Los datos presentes en este sistema no pueden ser alterados, ya que el sistema permite update de los datos pero no manipulaciones como la eliminación o la modificación directa de los datos.

Su principal característica es la visión multidimensional con consultas que suministran informaciones sobre los datos presentes en una o más dimensiones, pero para entender este concepto vamos a hablar sobre otras características:

Cubo: Es una estructura que almacena los datos de negocio en formato multidimensional, haciéndolos más fáciles de analizar.

Dimensión: Es una unidad de análisis que agrupa datos de negocio relacionados. Las dimensiones se hacen encabezados de columnas y filas, como por ejemplo filas de producto, regiones de venta o periodos de tiempo.

Jerarquía: Es compuesta por todos los niveles de una dimensión, pudiendo ser balanceada o no. En la jerarquía balanceada los niveles más bajos son equivalentes, sin embargo, esto no ocurre en las jerarquías no balanceadas donde la equivalencia jerárquica no existe. Por ejemplo, en una dimensión geográfica el nivel país no posee el sub-nivel estado para un determinado miembro y lo posee para otro.

Miembro: Es un subconjunto de una dimensión. Cada nivel jerárquico tiene miembros apropiados a aquel nivel. Por ejemplo, en una dimensión geográfica existe el nivel y sus miembros.

Medida: Es una dimensión especial utilizada para realizar comparaciones. Ella incluye miembros tales como: costes, logros o tasas.

Location		Chicago				New York				Toronto			
Item		HE	Comp	Tel	Secu	HE	Comp	Tel	Secu	HE	Comp	Tel	Secu
Time	Supplier												
Q1	Sup1												
	Sup2												
Q2	Sup1												
	Sup2												
Q3	Sup1												
	Sup2												
Q3	Sup1												
	Sup2												
Q4	Sup1												
	Sup2												

Vistos estos conceptos básicos vamos a hablar sobre los operadores OLAP para navegación. Son estos:

- Roll-up
- Drill-down
- Drill-through
- Drill-cross
- Slice
- Dice
- Pivot
- Rank

Vamos a comenzar hablando sobre los operadores de navegación a lo largo de las jerarquías.

Roll-up: Abstrae detalles, navega entre las jerarquías disminuyendo el nivel del detalle. Ejemplo: Región -> País

Drill-down: Aumenta el detalle de los datos, navega entre las jerarquías buscando detalles no visualizados. Ejemplo: Región -> Estado

Drill-through: Detalla los valores, a lo largo de una dimensión dada además del nivel más bajo del cubo.

Drill-across: Detalla varios cubos con dimensiones compartidas.

Pasamos entonces al operador retículo de cubos.

- Slice: Extrae un sub-cubo de las celdas verificando restricciones a lo largo de una dimensión.
- Dice: Extrae un sub-cubo de las celdas verificando restricciones a lo largo de varias dimensiones.

Y finalmente los operadores de visualización de resultados.

- Pivot: El pivot permite diferenciar las visualizaciones a través de cambios de columnas por filas o alterando ejes de las tablas.
- Rank: El rank permite ordenar los datos de una dimensión de acuerdo con la medida corriente y sirve también como filtro

como ordenar los valores de ventas por orden de fecha o del mayor para el menor valor.

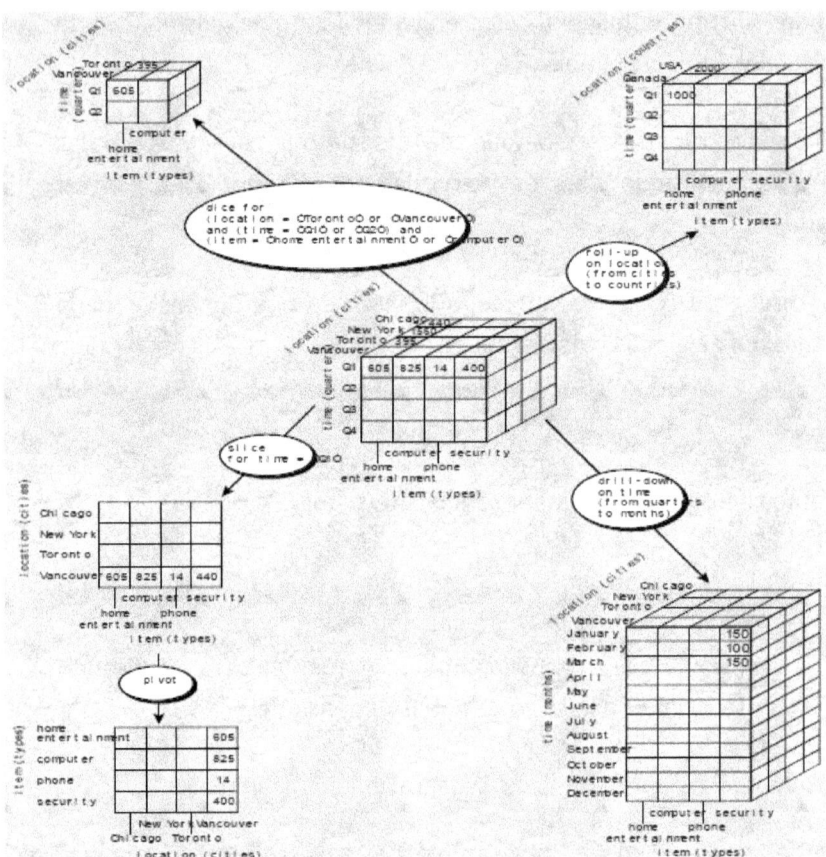

El OLAP puede ser compuesto por algunos modelos físicos de datos de los cuales los principales son el ROLAP y el MOLAP.

MOLAP

El modelo MOLAP (Multidimensional On-Line Analytical Processing) almacena los datos de forma multidimensional, su implementación es frecuentemente hecha en bases de datos relacionales, sin embargo no normalizados en la 3ª forma. Su acceso sucede directamente en el servidor multidimensional y no alcanza la granularidad mínima.

ROLAP

El modelo ROLAP (Relational On-line Analytical Processing) almacena los datos de las tablas relacionales, presenta datos solamente de forma multidimensional y por ser también relacionales presentan mayor compatibilidad con los sistemas, fuentes, OLTP. Sin embargo necesita de remodelación previa en esquemas especializados que serán modelados en star schema o snow flake.

Modelo de datos Star Schema (Estrella):

El modelo de datos Star Schema posee una tabla Hecho conteniendo como mínimo una columna por medida agregada y una columna por clave de dimensión. Las tablas de dimensión contiene una columna para cada atributo describiendo la dimensión y generalmente una columna por jerarquía.

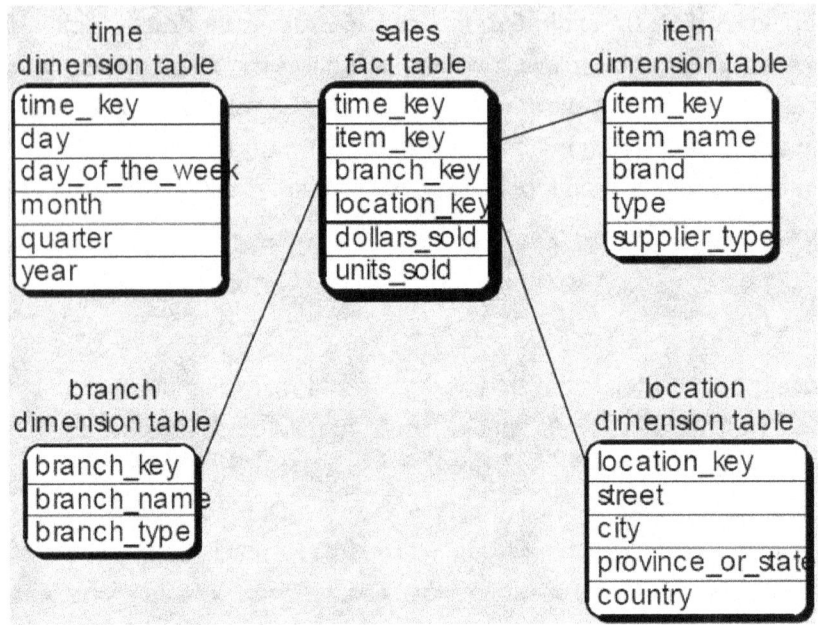

Ejemplo de modelo Star Schema

Modelo Snow Flake (Copo de Nieve):

El modelo Snow Flake es parecido al Star Schema. La diferencia principal está en la normalización de las tablas dimensionales. Eso facilita la evolución de las dimensiones y ayuda a desocupar algún espacio antes utilizado por las propias, sin embargo como pasa a existir la necesidad de uniones para acceder a datos normalizados el tiempo de respuesta acaba siendo mayor y tal vez incluso por la velocidad y facilidad el modelo estrella sea más popular.

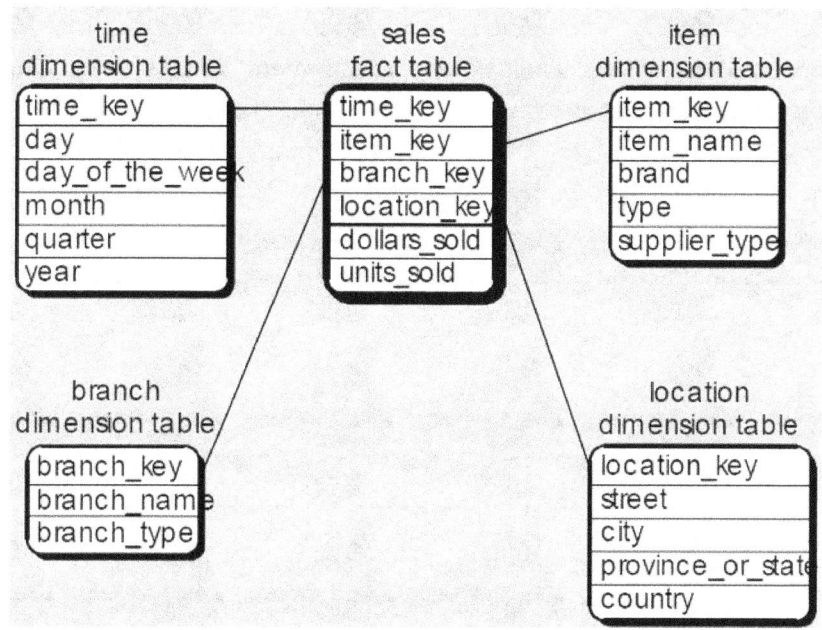

Ejemplo de modelo Snow Flake

El DW es utilizado para almacenar informaciones y el OLAP para recuperarlas, ambos están especializados para ejercer sus funciones de forma eficiente. Las dos tecnologías son complementarias de modo que un buen DW es planeado con la producción de informes en mente.

De esta forma, para explorar el DW completamente es necesario el OLAP que irá a extraer e influir totalmente a las informaciones en él contenidas. El OLAP y el Data Mining son partes integrantes de todo y cualquier proceso de soporte a la decisión. Aún en la actualidad, la mayoría de los sistemas de OLAP tienen el foco en la provisión de

105

acceso a los datos multidimensionales, mientras los sistemas de DM operan con el análisis de influencia para los datos de una única dimensión. Las grandes empresas como IBM, Oracle, están liberando versiones de sus RDBMS que poseen herramientas de OLAP y DM. Cuando los usuarios poseen herramientas de OLAP y no de Data Mining, ellos gastan buena parte de su tiempo haciendo las tareas pertinentes a un DM, como clasificaciones y predicciones de las informaciones recibidas.

DATA WAREHOUSE

Data Warehouse es un sistema informático que incluye una base de datos de supercapacidad de almacenamiento, de Terabytes. Proyectado para el procesamiento del sistema OLAP, él puede almacenar años y años de datos que son resumidos, consolidados periódicamente actualizados y descriptivos. Esos datos no sufren alteración pues utilizan un sistema OLAP que como el propio nombre dice, es analítico y las transacciones de inserción o eliminación de datos no son posibles dejándolos solamente para lectura.

El DW posibilita el análisis de un gran volumen de datos retirados o importados de un sistema transaccional (OLTP).

El almacenamiento de los datos es hecho en un repositorio único y de rápido acceso. Ese repositorio puede almacenar datos históricos en sistemas como ERP's o CRMs. Cuantos más datos del histórico de las operaciones de la empresa, mejor para que el análisis de las informaciones refleje el momento de la empresa.

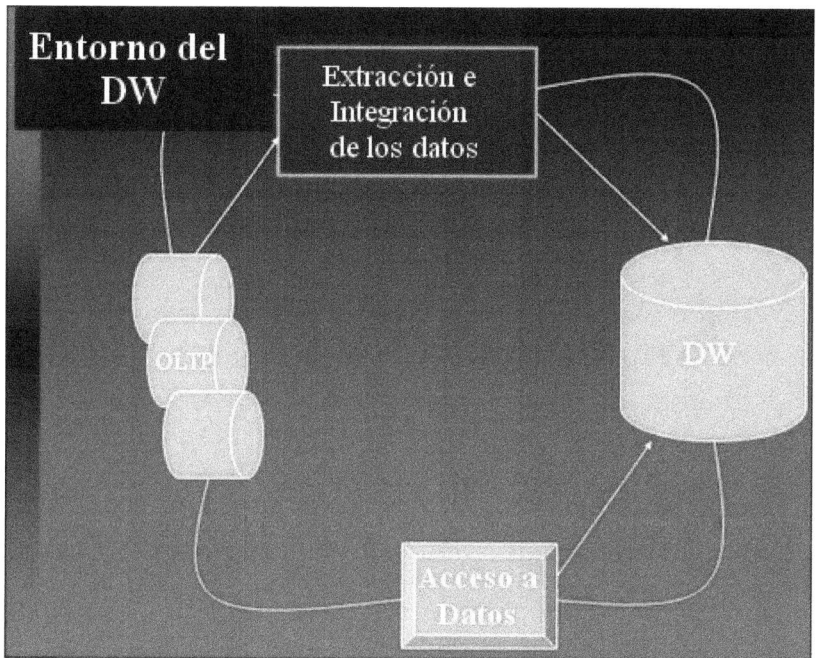

Entorno del DW

Una parte muy importante de un DW son los meta datos, estos son descritos como "datos sobre datos". Los meta datos son informaciones adicionales necesarias para que los datos se hagan útiles, un conjunto de características sobre los datos que no están normalmente incluidos en los datos.

Los metadatos poseen tres capas diferentes:

- Operacionales
- Centrales
- Nivel de Usuario

Y tres componentes diferentes:

- Mapeamiento que describe como los datos de los sistemas operacionales son transformados antes de entrar en el DW.
- Histórico que describa las reglas a ser utilizadas en los datos corrigiéndolos cuando las reglas de negocio cambian.
- Algoritmos de resumen que muestran la relación entre diferentes niveles de detalles de los datos, indicando también que nivel de resumen es más indicado para un dato objeto.

Las fuentes de meta datos pueden ser Repositorios de Herramientas CASE, Documentación de Desarrollo de Sistemas Operativos, Código Fuente del Sistema Operativo, Entrevistas y hasta el propio Data Warehouse en informaciones como frecuencia de acceso o tiempo de respuesta de cada consulta.

Características de un Data Warehouse:

- Orientación por tema
- Integración
- Variación en el Tiempo
- No volátil

Orientación por tema:

Un DW siempre almacena las informaciones de acuerdo con un asunto o tema para que cada sector de la empresa pueda consultarlo obteniendo solamente las informaciones importantes para aquel determinado negocio.

Por ejemplo, si una empresa trabaja con ventas de productos y desea saber el perfil de los compradores o clientes, entonces el DW será volcado para quien compra y no para sus productos en sí.

Integración:

La integración debe ser hecha para evitar que un mismo elemento en tablas diferentes tenga nombres diferentes. En el DW esos datos necesitan estar en la misma escala o nomenclatura.

Variación en el Tiempo:

Los datos en un DW hablan respeto a un periodo específico en el tiempo y no pueden ser alterados. De hecho si hay algún dato que necesite de alteración es hecha una nueva entrada de datos para que la alteración, que fue efectuada en la base de datos fuente operacional, sea registrada.

No volatilidad:

Después de la integración, transformación e inserción de los datos el DW los organiza en bloques para facilitar el acceso.

ARQUITECTURA DE UN DATA WAREHOUSE

El DW posee algunas arquitecturas y capas de las cuales forman parte las siguientes:

La capa de adquisición de información es responsable de reunir, refinar, limpiar y agregar los datos de los sistemas de producción. El dato debe estar correcto y proveer un único significado para la toma de decisiones, la capa de almacenamiento de la información provee el almacén de la información mientras que la capa disponible de la información soporta el conjunto de herramientas de presentación y análisis.

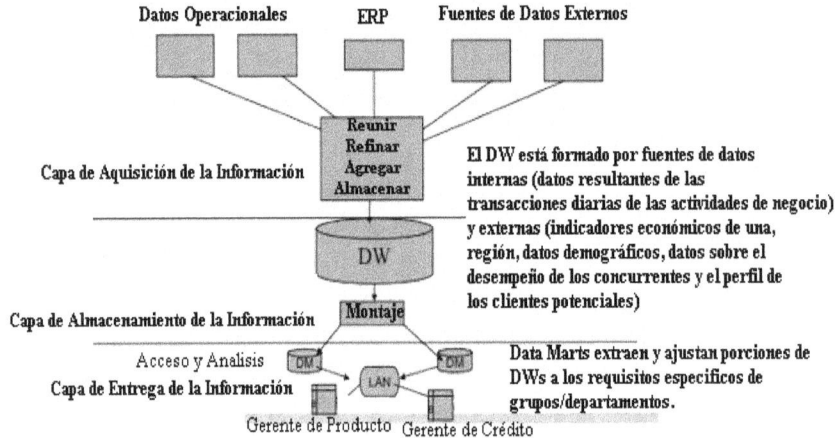

Arquitectura de un Data Warehouse (DW)

Existe una arquitectura, de Cahaudhuri, que posee dos componentes: el Componente de Back End y el Componente de Front End.

- Componente de Back End: Es el conjunto de aplicaciones responsables de extraer, filtrar, transformar, integrar y cargar los datos de diferentes orígenes.
- Componente de Front End: Es el conjunto de aplicaciones responsable de disponer a los usuarios finales acceso al DW.

ETL

El ETL (Extract, Transform and Load) es un proceso destinado a la extracción, transformación y carga de datos procedentes de una base transaccional para un DW.

En ese proceso son obligatorias la extracción y carga ya que si los datos estuvieran en el mismo formato o lenguaje del destino no será necesario hacer la transformación.

QUE ES ETL

El proceso de ETL es el más largo y trabajoso de la fase de construcción de un BI, pues es la extracción de los datos de una base transaccional de origen, transformación, limpieza de esos datos y carga en el DW.

111

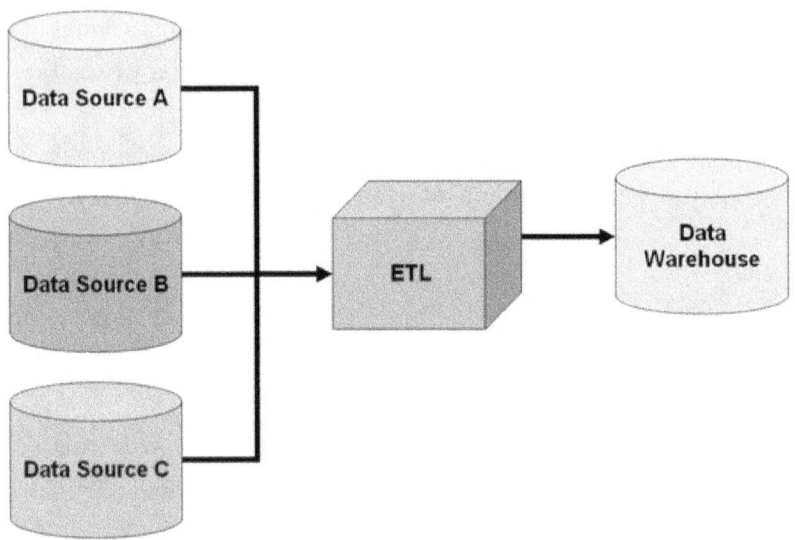

Extracción:

Según Inmon es normal que aproximadamente el 80% de los esfuerzos de un BI sean concentrados en este proceso, ya que para el funcionamiento correcto del BI proporcionando análisis confiables los datos deben reflejar la pura verdad y nada más, lo que hace del ETL un proceso que debe ser pensado y realizado con cuidado.

Esta etapa del proceso debe basarse en la búsqueda de las informaciones más importantes en sistemas fuentes o externos y que estén en conformidad con el modelo del DW. Esa búsqueda, en la mayoría de los casos, es dificultada por el hecho de las informaciones estar almacenadas en fuentes distintas de datos. En un primer momento es normal que la carga inicial sea hecha para que todos los datos del sistema origen sean transferidos a un área del DW llamada

112

de Stage y posteriormente pasada para el área llamada ODS, también en el DW. Después de eso las demás cargas serán incrementales que según Kimball es la más eficiente y carga solamente los registros que fueron alterados o insertados en la base origen.

Transformación:

La etapa siguiente a la extracción es la transformación, en esta fase se hace también la limpieza de los datos. Se verifican errores de digitación, restricciones de permiso de las bases (cuando hay alguna restricción del tipo el usuario no puede insertar en el DW), se estandarizan las abreviaturas, etc.

Para garantizar la calidad de los datos debemos observar lo siguiente:

- Unicidad: Evitar duplicaciones de información.
- Precisión: Los datos no deben perder sus características originales así que son cargados en el DW.
- Completo: No debe generar datos parciales de los datos importantes para el análisis.
- Consistencia: Los datos deben ser coherentes con los datos de las dimensiones, deben tener forma homogénea para la carga en el DW.

Mientras se busca la homogeneidad de los datos pueden ocurrir dos tipos de conflictos:

Semánticos: Son aquellos que envuelven la palabra o el nombre asociado a la estructura del modelo, como tener el mismo nombre para entidades diferentes.

Estructurales: Son los que dicen respeto a la propia estructura del modelo y los más típicos son:

- Diferencias de unidades: Cuando las unidades utilizadas difieren, aunque suministren la misma información. Como una distancia en metros o en kilómetros.
- Diferencias de precisión: Cuando la precisión escogida varía de un entorno a otro. Si un valor monetario es almacenado (10,2) diez casillas antes de la coma y dos después o (10,6) diez casillas antes de la coma y seis después.
- Diferencias en códigos o expresiones: Cuando el código utilizado difiere uno del otro. Por ejemplo, cuando el sexo es definido con código M (masculino) y F (femenino) o (1) masculino y (2) femenino.
- Diferencias de abstracción: Cuando la forma de estructurar una misma información sigue criterios diferentes. Cuando una dirección está almacenada en una columna o en varias separado en nombre de la calle, número, complemento, etc.

Después de haber identificado los conflictos creamos reglas de conversión que buscan exactamente corregirlos. Esas reglas pueden ser creadas a través de herramientas de integración

Después de esas observaciones se puede iniciar el proceso de carga.

Carga:

En ese momento son cargados los datos de las Dimensiones y del Hecho. Este proceso puede ser bastante demorado y requerir muchos recursos de procesamiento, se busca hacerlo más corto, pues el DW será utilizado constantemente. Por eso debemos tomar algunos cuidados. Como:

- Desligamiento de índices y referencias de integridad (eso puede perjudicar la validez de los datos, pues no son validados en el momento de la inserción).
- Utilización de comando tipo TRUNCATE en vez de DELETE ya que en los sistemas actuales ese recurso no genera almacenamiento de informaciones en áreas de recuperación de datos.
- Tener conciencia de que algunos datos pueden no ser cargados en el momento de la carga y debemos verificar los motivos para que podamos solucionar el problema.

Después de las dimensiones estar correctamente cargadas, ya es posible iniciar la carga del dato, que tras modelados para contener sólo los datos de importancia para la empresa, dirigen que reglas serán utilizadas como, por ejemplo, filtros de lo que será insertado o sumas a ser realizadas, provocando la aparición de reglas que pasaron desapercibidas en el inicio del modelo.

Sin embargo, el hecho demanda cuidados en su carga, como el uso de las claves artificiales de las dimensiones para que se tenga una integridad referencial, control de valores nulos obtenidos en el momento de la transacción para que no generen la falta de integridad referencial como fechas que, estando nulas, invalidarán el histórico del hecho. Técnicas para facilitar el proceso debido al gran volumen de datos pueden ser usadas, como la carga incremental del hecho, que irá a cargar sólo datos nuevos o alterados, ejecución del proceso en paralelo y en momentos de poco o ningún uso del SGBD, y la utilización de tablas auxiliares que serán renombradas cómo definitivas al fin de la carga.

La figura de abajo muestra el ciclo del ETL en un DW:

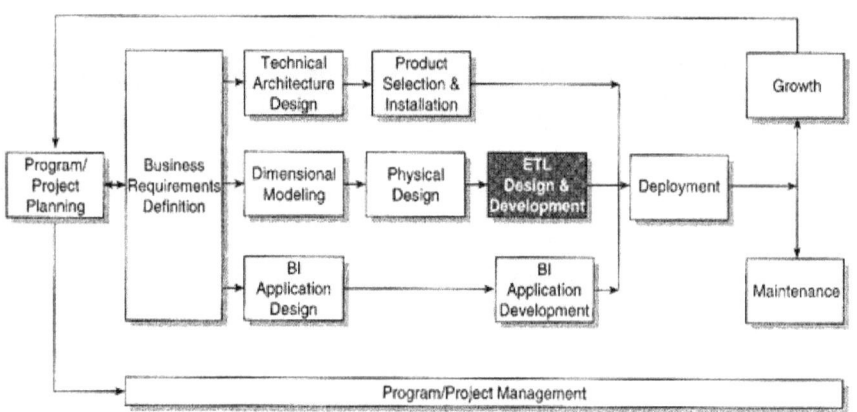

DATA MINING

Data Mining o en español, minería de datos, es el proceso a través del cual podemos hacer un barrido por la base de datos, en nuestro caso por el DW, para encontrar estándares de relaciones entre los datos y generar nuevos subgrupos de informaciones. Finalmente, el data mining es como un agregador y organizador de datos. Hecho el

116

barrido y la nueva agrupación de las informaciones, son generados datos estadísticos que irán a aparecer en los informes generados para la toma de decisiones en el BI. Sin embargo para que se pueda utilizar este proceso es necesario tener metas bien definidas para que sea posible extraer el conocimiento contenido en las nuevas agrupaciones. Esas metas pueden ser alcanzadas por medio de los siguientes métodos:

Clasificación: Clasifica un ítem en una o varias categorías pre-determinadas. Una buena técnica estadística para clasificación es el análisis discriminante. Esa técnica se resume a descripciones gráficas o algébricas en una o más clases pre-definidas. La idea básica es sustituir el conjunto original de diversas mensuraciones en un valor único, definido como conjunto linear de ellas. Ese tipo de análisis permite comparar dos grupos y decir si hay alguna diferencia entre ellos y cual es la naturaleza de esa diferencia, separándolos en dos o más categorías mutuamente exclusivas.

Modelos de Relaciones entre Variables: Asocia un ítem a una o más variables de valores reales, consideradas variables independientes o exploratorias. Técnicas estadísticas como regresión linear simples, múltiple y modelos lineares por transformación son utilizadas para verificar la relación funcional que, eventualmente, pueda existir entre dos variables cuantitativas, es decir, constatar si hay una relación funcional entre X e Y.

Análisis de Agrupación o Cluster: Asocia un ítem a una o varias categorías (clusters), en que las clases categóricas son divididas por los datos, diferente de la clasificación en la cual las clases son pre-definidas. Esa técnica detecta la existencia y existencia de grupos diferentes dentro de un conjunto de datos.

Resumen: Determina la descripción para un subconjunto. Se utilizan medidas de posición y variabilidad, por ejemplo. Las funciones de resumen son frecuentemente usadas en el análisis exploratorio de datos con generación automatizada de informes, siendo responsables por la descripción compacta de un conjunto de datos. El resumen es utilizado, principalmente, en el pre-procesamiento de los datos, cuando valores inválidos son determinados por medio del cálculo de medidas estadísticas - como mínimo, máximo, media, moda, mediana y desvío estándar muestra -, en el caso de variables cuantitativas, y, en el caso de variables categóricas, por medio de la distribución de frecuencia de los valores.

Modelo de Dependencia: Los Modelos de Dependencia existen en dos niveles, estructurado y cuantitativo y describe dependencias significativas entre las variables. Generalmente en forma de gráfico, el nivel estructurado dice que variables son localmente dependientes. Ya el nivel cuantitativo utiliza escala numérica para informar del grado de dependencia.

Reglas de Asociación: Las Reglas de Asociación definen la relación entre los campos de una tabla. Utiliza la derivación de correlación multivalorada que suministra subsidios para la toma de decisiones. Descubrir esas asociaciones es, generalmente, el motivo de las investigaciones y orientar análisis, conclusiones y evidencia de hallazgos de la investigación.

Análisis de Series Temporales: Como el propio nombre dice ese método hace análisis por tiempo, entonces podemos comparar datos que fueron recolectados y analizarlos por hora o por día y formando un gráfico con esas informaciones. Las series son formadas por cuatro estándares, tendencia, variaciones clínicas, variaciones estaciónales y variaciones irregulares.

REFERENCIA BIBLIOGRÁFICA

Gestión de la Gobernaza TI de Cleber de Souza de projectoseti.com.

La Táctica en la Gestión TI de Cleber de Souza de projectoseti.com.

BSC en la Gestión de TI de Renato Cunha de projectoseti.com

El verdadero valor de la información de Danilo Gallo de projectoseti.com.

Business Intelligence de Daniel Henrique Rodrigues de Oliveira de projectoseti.com.

Dashboard de Proyectos de Fabricio Nascimiento.

Governança Corporativa e as melhores práticas: estudo de caso de uma organização não governamental de Mota, N. R. & Ckagnazaroff, I. B.

Terceirização de Serviço de TIC: uma avaliação sob o ponto de vista do, de Prado, E. P. V.

Effective governance of IT: design objectives, roles, and relationships Information Systems Management de Rau, K.

Don`t Just Lead, Govern: How Top-Performing Firms Govern IT, de Weill, P.

Don`t Just Lead, Govern: Implementing Effective IT

Governance. Massachusetts: MIT. 2002.

Willcocks, L., Feeny, D. & Olson, N. Implementing Core IS Capabilities: Feeny - Willcocks IT Governance and Management Framework Revisited. European Management Journal, de Weill, P. & Woodham, R.

Outsourcing: transaction cost economics and Supply Chain Management. Journal of Supply Chain Management, de Williamson, O. E.

Information Technology Governance in Information Technology investment decision processes: the impact of investment characteristics, external environment, and internal context. De Xue, Y., Liang, H., Boulton, W. R.

Case study research: design and methods de Yin, R. K.

ACERCA DEL AUTOR

Es libro ha sido elaborado por Alejandro Puerta Gálvez es un consultor TI con experiencia el campo de los procesos de desarrollo y mantenimiento de software desde 2010.

Desde el año 2013 también es docente y formador de formadores en el área de las Tecnologías de la Información y las comunicaciones

www.ingramcontent.com/pod-product-compliance
Lightning Source LLC
Chambersburg PA
CBHW070813180526
45168CB00002B/600